青年期における自己変容に対する志向性の個人差と発達的変化

千 島 雄 太 著

風 間 書 房

は　し　が　き

　青年心理学の領域では，2000年代に入ってからも，優れた学位論文が次々に出版され続けている。自己愛（小塩，2004），アイデンティティ（杉村，2005），親子関係（平石，2007），自己形成（中間，2007），自我同一性（谷，2008），外傷後成長（宅，2010），友人関係（岡田，2010），劣等感（髙坂，2012），キャリア選択（若松，2012）など，枚挙にいとまがない。これらの優れた研究知見に続いて，今回，千島雄太氏の学位論文『青年期における自己変容に対する志向性の個人差と発達的変化』が刊行される運びとなった。本書を構成する研究のほとんどは学会誌に掲載されており，誰もが自由に入手して読むことができるが，千島氏が研究しようとした地平を見渡すには，本書を手に順に1章ずつ追いかけていただくことが有用であろう。

　本書がテーマとして取り上げているものは，青年期に強く現れる"今の自分を変えたい"・"変わりたい"という気持ちである。このような気持ちは，自己を強く意識し，自己を振り返ることの多い青年期において，自己の否定性への注目が高まることから生じるものと考えられる。そして青年期は，否定的な自己が意識されやすいと同時に，その否定性を主体的に克服しようとする志向性もまた強まる。主体的に現在の自己の変容を志すこの気持ちを"自己変容に対する志向性"として概念化し，単なる行動変容のための方法論の構築ではなく，自己変容に対する志向性を生じさせる心理的要因，人格形成に寄与する志向性のあり方，自己変容に対する志向性が持つ発達的意義について検討した成果が本書である。

　"今の自分を変えたい"・"変わりたい"という気持ちを強く持つ青年からは，どうすれば変われるのかという問いへの答えが期待されるかもしれない。しかし，本書は変わるための方法を提供することに力点が置かれてはい

ない。変わるための答えを探し求めた研究ではなく，変えたい・変わりたいという気持ちを青年が持つというのはどういうことなのかを模索した研究である。答えを追いかけ，見つけようとした研究と言うより，なぜ青年は"今の自分を変えたい"・"変わりたい"という気持ちを強く持つのかという問い自体にアプローチした研究と言えよう。その点がややもすると，答えを期待する青年には物足りなく思えるかもしれない。しかし，青年期をとうに過ぎてしまった年齢の者には，"今の自分を変えたい"・"変わりたい"という気持ちを持つことに意味があるのであって，変われるかどうかはどちらに転んでも良いことのように思われる。変わっても良し，変わらずとも良し，いずれにせよ"今の自分を変えたい"・"変わりたい"という気持ちが薄れていくことが，青年にとって自分が変わったということなのではないだろうか。そしてそれは，青年がおとなになったということに言い換えても良いように思うのである。しかしこれは，千島氏の研究過程をただ後ろから眺めてついて来た者の感慨に過ぎない。本書の中には，どうすれば変われるかのヒントになる研究知見，なぜ変われないのかを説明する研究知見が多く含まれている。将来焦点的かつ現実的な方向性，明確な理想自己，自己変容の予期に伴う葛藤などのキーワードが，その一例である。

　本書の著者，"今の自分を変えたい"・"変わりたい"という気持ちを持つ青年にとって魅力ある研究を遂行した千島氏は，修士論文と博士論文の両方で筑波大学大学院人間総合科学研究科長賞を受賞し，国内・国際両方の学会で活躍している新進気鋭の若手研究者である。将来を嘱望されているその姿は，端から見れば順風満帆の研究生活を送り続けているように見えて然りではあるが，千島氏自身はそうは思っていない。そのように我が身を振り返るのはまだまだ遠い先のことであろう。それまでは研究の歩みが止まることもおそらくない。

　本書は，千島氏の持つ研究者としての資質，すなわち未来に対する強い志向性と計画性と展望力が研究という形で結実した学術書であるが，千島氏の

研究者としての成長が深まっていく過程の記録にも見える。魅力ある青年心理学の研究には，その著者の人となりが図らずもにじみ出る。本書を手にした青年には学術的な知見だけでなく，千島氏の研究者としての姿勢も伝わり，後に続く若手研究者への影響力を持った一冊となることを期待している。

筑波大学人間系教授　佐藤有耕

目　次

はしがき（佐藤有耕）

第Ⅰ部　理論的検討

第1章　自己変容に関する理論的背景 …………………………………… 3
　第1節　自己変容という現象の多様性 …………………………………… 3
　第2節　主体的な自己変容に関する先行理論 …………………………… 5

第2章　自己変容に対する志向性の研究の整理 ………………………… 8
　第1節　生涯発達的観点からみた自己変容に対する志向性 …………… 8
　第2節　自己変容に対する志向性の諸側面 ……………………………… 12
　第3節　理想自己を伴う自己変容に対する志向性 ……………………… 17
　第4節　自己変容の捉え方 ………………………………………………… 20
　第5節　自己変容の予期に伴う葛藤 ……………………………………… 23

第3章　本研究の目的と構成 ……………………………………………… 26
　第1節　本研究の目的 ……………………………………………………… 26
　第2節　本研究の構成 ……………………………………………………… 27

第Ⅱ部　実証的検討

第4章　自己変容に対する志向性の年齢的傾向 ………………………… 33
　第1節　自己変容に対する志向性の年齢的傾向【研究1】 …………… 33
　第2節　本章のまとめ ……………………………………………………… 41

第5章　青年期における自己変容に対する志向性の諸側面 …………… 43
　第1節　自己変容に対する志向性の諸側面に
　　　　関する探索的検討【研究2】……………………………………… 43
　第2節　自己変容に対する志向性の諸側面と
　　　　アイデンティティ地位の関連【研究3】………………………… 45
　第3節　自己変容に対する志向性の諸側面と
　　　　自尊感情の関連【研究4】………………………………………… 54
　第4節　自己変容に対する志向性の諸側面の
　　　　学校段階による比較【研究5】…………………………………… 58
　第5節　本章のまとめ …………………………………………………… 66

第6章　青年期における理想自己を伴う自己変容に対する志向性 ……… 68
　第1節　理想自己を伴う自己変容に対する志向性と
　　　　アイデンティティ形成の関連【研究6】………………………… 68
　第2節　理想自己を伴う自己変容に対する志向性が
　　　　アイデンティティ形成に及ぼす影響【研究7】………………… 76
　第3節　理想自己を伴う自己変容に対する志向性の
　　　　学校段階による比較【研究8】…………………………………… 81
　第4節　本章のまとめ …………………………………………………… 89

第7章　青年期における自己変容の捉え方 ……………………………… 91
　第1節　自己変容の捉え方に関する探索的検討【研究9】…………… 91
　第2節　自己変容の捉え方と自己変容の実現の関連【研究10】……… 93
　第3節　本章のまとめ …………………………………………………… 99

第8章　青年期における自己変容の予期に伴う葛藤 ………………… 101
　第1節　自己変容の予期に伴う葛藤に関する探索的検討【研究11】… 101

第2節　自己変容の予期に伴う葛藤の学校段階による比較【研究12】
　　　　………………………………………………………………… 104
第3節　本章のまとめ ………………………………………………… 114

第Ⅲ部　総括

第9章　総合考察 ……………………………………………………… 119
　第1節　実証的検討で得られた知見の整理 ………………………… 119
　第2節　本研究の学術的貢献 ………………………………………… 125
　第3節　教育的・臨床的支援への提言 ……………………………… 126
　第4節　本研究の限界と今後の展望 ………………………………… 132

引用文献 ………………………………………………………………… 139
あとがき ………………………………………………………………… 153
資料目次 ………………………………………………………………… 157

図 表 一 覧

Figure 1-2-1	Kiecolt（1994）における意図的な自己変容の決断過程モデル（著者訳）	5
Table 1-2-1	自己成長主導性尺度Ⅱの因子名と項目例（徳吉・岩崎，2014）	7
Figure 3-2-1	本研究の構成	30
Table 4-1-1	調査協力者の内訳	34
Table 4-1-2	年齢と各変数の回帰分析	36
Table 4-1-3	年代と性別を要因とした各得点の二要因分散分析	37
Figure 4-1-1	年代ごとの各得点の推移	38
Figure 4-1-2	多母集団同時分析で検討されたモデル	38
Table 4-1-4	多母集団同時分析におけるモデル適合度	39
Table 4-1-5	因子間の共分散の標準化推定値（モデル3）	39
Table 5-1-1	自己変容を志向する理由の記述の分類	45
Table 5-2-1	自己変容に対する志向性項目（36項目）の探索的因子分析	49
Table 5-2-2	アイデンティティ地位を要因とした自己変容に対する志向性の各得点の一要因分散分析	51
Table 5-3-1	自己変容に対する志向性と自尊感情の関連	56
Table 5-4-1	自己変容に対する志向性項目の確認的因子分析（弱測定不変モデル）	61
Table 5-4-2	多母集団同時分析におけるモデル適合度	62
Table 5-4-3	学校段階を要因とした自己変容に対する志向性の各得点の一要因分散分析	62
Table 5-4-4	自己変容に対する志向性の各得点の主成分分析	62
Figure 5-4-1	自己変容に対する志向性の各得点の主成分負荷量を2次元平面上にプロットした図	63
Table 6-1-1	現実自己の変容に関する項目	69
Table 6-1-2	理想自己への変容に関する項目	70
Table 6-1-3	変容を志向する自己概念領域の分類	73
Table 6-1-4	回答の個人差に基づく群分け	74
Table 6-1-5	回答の個人差によるDIDS得点の比較	74

Table 6-1-6	D群における各変数間の相関係数	75
Figure 6-1-1	D群における理想自己への変容の想起とアイデンティティ形成の関連	75
Table 6-2-1	群ごとの手続きと調査内容	77
Figure 6-2-1	群ごとの反芻的探求の差得点	79
Table 6-2-2	実験群2におけるTime 2のDIDSを従属変数とした階層的重回帰分析	80
Table 6-3-1	学校段階と4群の割合	84
Table 6-3-2	学校段階と4群を要因とした二要因分散分析	84
Figure 6-3-1	学校段階と4群ごとの未来焦点得点	85
Table 6-3-3	D群における各変数間の相関係数(全サンプルと中学生)	86
Table 6-3-4	D群における各変数間の相関係数(高校生と大学生)	86
Figure 6-3-2	D群における多母集団同時分析(弱測定不変モデル)	86
Table 6-3-5	多母集団同時分析におけるモデル適合度	86
Table 7-1-1	自己変容の捉え方の分類と定義	93
Table 7-2-1	自己変容の捉え方項目の探索的・確認的因子分析	95
Table 7-2-2	自己変容の捉え方,自己変容の実現,自尊感情,時間的展望の関連	97
Figure 8-1-1	自己変容と現状維持のメリットとデメリットを尋ねるバランスシート	102
Table 8-1-1	自己変容・現状維持のメリット・デメリットの分類	103
Table 8-2-1	自己変容のメリット・デメリット予期項目の確認的因子分析(配置不変モデル)	107
Table 8-2-2	多母集団同時分析におけるモデル適合度	108
Figure 8-2-1	自己変容のメリット・デメリット予期の4得点における非階層クラスタ分析	109
Table 8-2-3	学校段階と自己変容の予期5群の割合	110
Table 8-2-4	学校段階と自己変容の予期5群を要因とした各得点の二要因分散分析	111
Table 9-1-1	得られた知見の整理(学校段階の比較によって有意差が示された結果を除く)	122
Figure 9-1-1	人格形成や心理的適応を促進する自己変容に対する志向性のあり方	123

Table 9-1-2　学校段階の比較によって有意差が示された知見の整理……………… 123
Figure 9-1-2　自己変容に対する志向性の発達的変化……………………………… 124
Figure 9-2-1　教育実践活動で活用できるワークシート…………………………… 129

第Ⅰ部

理論的検討

第 1 章　自己変容に関する理論的背景

第 1 節　自己変容という現象の多様性

"自己変容"という用語は多様な意味を内包している。そのため，最初に自己変容という用語が指し示す現象に関して，いくつかの観点を示し，本書での位置づけを明確にする。

本研究で扱う"自己"とは，自己概念と同等の意味である。自己概念とは，自己のすべてに関わる心的表象（Fisk & Taylor, 1991）や，自己に関する知識の集合体（Kihlstrom & Cantor, 1984）と定義され，認知的，情動的，行動的側面を含む，包括的な構成概念とされている（榎本，1998）。すなわち，自分がどんな人間であるかということについて持っている知識や考えのことであり，本研究においては，この自己概念が変わることについて検討する。本研究の領域ではパーソナリティ（性格）を扱う研究も存在するが（e.g. Hudson & Fraley, 2016a; 2016b），自己概念とはパーソナリティを包含する上位概念である。本研究では，自己変容を"現在有している自己概念が，時間的に変わること"と定義する。以下に，自己変容という多様な現象に関して，観点ごとに整理する。

時間的文脈と空間的文脈

自己変容の一つの観点として，現在の自己がこれまでどのように変化し，今後どのように変わっていくかという時間軸を踏まえた内容がある。先行研究として，理想自己（Higgins, 1987），可能自己（Markus & Nurius, 1986），時間的自己評価（Ross & Wilson, 2000）などの研究が時間的文脈における自己変容を扱っていると考えられる。一方で，現在の自己が他者との関係性や，環

境・状況によって変わるという空間軸を踏まえた内容がある。関係的自己（佐久間・無藤，2003），自己複雑性（Linville, 1985）などの研究は空間的文脈における自己変容を扱っているといえる。本研究では，前者の時間的文脈における自己変容を取り上げる。

主観的な評価と客観的な評価

別の観点として，主観的な変容なのか，客観的な変容なのかという観点がある。すなわち，自己概念が変わるということを，主観的に"私は以前と比べて変わった"などと評価する場合（e.g. Quoidbach, Gilbert, & Wilson, 2013）と，他者が"あなたは変わった"と評価する場合，または"自己概念得点が変化した"など何らかの指標の変化から客観的に評価する場合（今川，1992）とがある。本研究では，その中でも主に主観的な自己変容に着目して検討を行う。

外的要因による変容と内的要因による変容

これまで，ストレスフルなイベントや臨床的介入といった環境や他者などの外的要因によって生じる自己変容に関しては，数多くの研究が行われてきた（橋本，1999; 日潟他，2008; Prochaska, DiClemente, & Norcross, 1992; 宅，2010）。Kiecolt（1994）が，意図せずに生じる自己変容と意図的に起こす自己変容を区別する必要があることを指摘していることも踏まえ，本研究では，青年自身の意志や行動などの内的要因によって生じる自己変容を取り上げる。青年期は，児童期までの無自覚的に行われてきた"自己発達"とは異なり，より自覚的・自発的に自己を形作る"自己形成"が行われるようになるとされている（Baltes, Reese, & Lipsitt, 1980; 溝上，2008）。梶田（1988）や水間（2002a）においても，自己形成における研究として，個人の志向性や信念などの主体性の問題を検討すべきであることが論じられている。同様に，パーソナリティの研究領域においても，意志によるパーソナリティの変容について，近年注目が集まっている（Hudson & Fraley, 2015; Hudson & Roberts, 2014）。

以上の論点を踏まえて，本研究では，ある個人の自己概念が，内的要因に

よって時間的に変わっていくことについて，当人の主観的な観点から捉えることとする。

第2節　主体的な自己変容に関する先行理論

第2節では，自己変容の中でも，特に個人の主体性に着目している先行理論をいくつか紹介し，共通点を模索する。

自己変容の決断過程

Kiecolt（1994）は，意図的な自己変容の決断過程について，理論モデルを提唱している（Figure 1-2-1）。その過程は，大きく(A)自己変容の契機，(B)調整要因，(C)決定的な出来事，(D)評価に分かれている。(A)自己変容の契機には他者からの望ましくない評価や自尊感情の減少などが想定されている。(B)調整要因には，変容への信念やサポートの認知などが取り上げられている。そして，(C)決定的な出来事を経て，(D)自己変容の決断に至るという過程が示されている。このモデルは，Kiecolt & Mabry（2000）において部分的に実証されているものの，理論的な構想の域を出ていないことが問題として挙げら

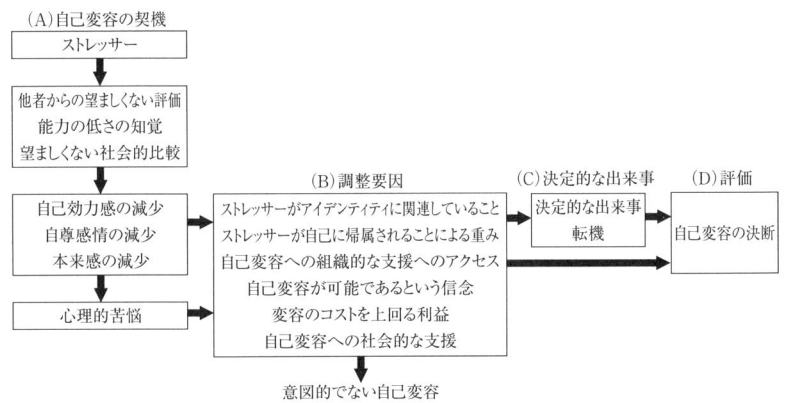

Figure 1-2-1　Kiecolt（1994）における意図的な自己変容の決断過程モデル（著者訳）

れる。

理想自己・可能自己

理想自己の研究は，現実自己とのズレが自己評価に影響するという研究が中心的課題ではあるが（Higgins, 1987），近年では，理想自己の実現を自ら求める意識のあり方である"理想自己志向性"が注目されている（水間，2004; 山田，2004）。同様に，なりたい自分，なりたくない自分，なるであろう自分などの未来次元の自己概念の総体は"可能自己"と呼ばれ（Markus & Nurius, 1986），可能自己が果たす機能に関する研究が行われている（Oyserman, Bybee, Terry, & Hart-Johnson, 2004）。また，理想自己や可能自己を尋ねる方法には，研究者側が項目を設定する法則定立的（nomothetic）方法と回答者が自由に想起する個性記述的（ideographic）方法がある。Moretti & Higgins (1990) では個性記述的方法で抽出した理想自己による現実自己との差異が，法則定立的方法によるものよりも，自己評価に影響を及ぼすことを示されている。それ以来，個人にとって重要な理想自己を取り上げる方法として，個性記述的方法が多く用いられている。

自己向上動機

自己評価を維持するための動機づけの一つとして，自己向上動機が提唱されている（Sedikides & Hepper, 2009; Taylor, Neter, & Wayment, 1995）。従来，自己評価維持モデルにおける動機づけは，自己査定動機，自己高揚動機，自己確証動機の三つが考えられていたが，自己向上動機は，自己の諸特性を改善し，向上させようと動機づけることによって，自らの評価を保っているとされている。また，未来の自分をよりよくするための動機づけとしても機能することが指摘されている（Sedikides, 1999）。

自己成長主導性

臨床心理学の知見として，自ら率先して自己の成長や変化を成し遂げようとする認知や行動を意味する"自己成長主導性（personal growth initiative）"がある（Robitschek, 1998; Robitschek et al., 2012）。自己成長主導性は，精神的

Table 1-2-1　自己成長主導性尺度Ⅱの因子名と項目例（徳吉・岩崎，2014）

因子名	項目例
変化への準備	自分自身が変わるために何が必要かを理解している。
計画性	自分自身を変えようとしているとき，自分の成長にあった実現可能な計画を立てる。
資源の活用	自分自身を変えようとするとき，積極的に支援を探し求める。
積極的な行動	私は自分を向上させようと積極に取り組む。

健康（Robitschek, 1999），希望や楽観主義（Shorey, Little, Snyder, Kluck, & Robitschek, 2007），レジリエンス（Weigold & Robitschek, 2011）などと正の関連があることなどが知られている。近年では，自己成長主導性を，変化への準備，計画性，資源の活用，積極的な行動の4因子から多元的に捉える尺度も作成されている（Robitschek et al., 2012; 徳吉・岩崎，2014）（Table 1-2-1）。

先行理論の共通点

このような先行研究を概観すると，いずれの研究も主体的に現在の自己を変えて，成長していこうとする意欲や動機づけを検討しているという点は，共通していると考えられる。しかし，その自己変容を志す気持ち自体に焦点を当て，その特徴や意義について直接的に検討している研究はほとんど見当たらない。特に，青年期においては，否定的な自己が意識されやすく，同時にその否定性を主体的に克服しようとする志向性も強いことが指摘されている（水間，2003）。本書では，以上のような"今の自分を変えたい"，"変わりたい"という言葉で表現される，主体的に現在の自己の変容を志す気持ちを，"自己変容に対する志向性（intention for self-change）"と呼び，実証的に検討を行う。ここでの志向性とは，"ある目標を意図し追求するという意識のあり方"を表している（cf. 水間，2004）。

第2章　自己変容に対する志向性の研究の整理

第1節　生涯発達的観点からみた自己変容に対する志向性

先行研究における生涯発達的観点の不足

　先述の通り，青年期は，主体的に自己の変化や成長に向かう"自己形成"が行われ始める時期である。すなわち，児童期までの無自覚的に行われてきた"自己発達"とは異なり，青年期になるとより自覚的・自発的に自己を形作るようになる（溝上, 2008）[1]。その中において，青年は自己の否定性への注目が高まり，それに伴って"今の自分を変えたい"といった自己の変容を望む気持ちが顕著になることが実証されている（Crystal, Kato, Olson, & Watanabe, 1995; Kiecolt & Mabry, 2000; 水間, 2003; 田中, 2011）。例えば，田中（2011）では，9割近くの大学生が，自己変容に対して肯定的な態度を有していることが明らかにされており，水間（2003）では，このような変容への志向性は，青年期の自己形成の営みの中で現れる態度であることが示唆されている。

　しかしながら，青年期的特徴を明らかにするためには，青年期以外の時期との比較によって，その差異を示す必要がある。これまではほとんどの先行研究が大学生のサンプルのみを取り上げており（Hudson & Fraley, 2016b），実際に青年期において，自己変容の志向性が顕著であるかどうかは実証されて

1　Baltes, Reese, & Lipsitt（1980）は，児童期，青年期，成人期，老年期と経るにつれて，年齢的要因や世代文化的な要因よりも個人的要因が，人の発達を強く規定してくることを論じている。その知見を踏まえて溝上（2008）は，特に青年期以降は発達課題としてではなく，個人的な成長を志向しながら自己を作り上げていくという意味で"自己形成"という用語を使用している。

いないのが現状である。そのため本研究では，青年期以降のサンプルを含めた生涯発達的観点から検討を行う。成人期や老年期を含めた検討を行うことによって，自己の変容を志す態度が青年期以降どのように推移するのか，または青年と成人，高齢者ではどの程度異なるのかを示すことが可能となる。

自己変容に対する志向性の生涯発達に関する仮説を生成する際には，パーソナリティの発達に関する研究や，発達心理学における目標調節，アイデンティティ発達の研究を概観することが有用である。パーソナリティ発達に関する研究では，Hudson & Fraley（2016b）が，パーソナリティ（Big-5）の変容を志向する程度について，18-70歳までを対象にした調査を行っている。分析の結果，全体的に見て高齢になるにつれてパーソナリティを変えることへの志向性はやや下がっていくものの，どの年代においても少なくとも78%の人々は，自らが有しているいずれかのパーソナリティの変化を求めていることが明らかにされている。

また，Brandtstädter & Renner（1990），Brandtstädter & Greve（1994），Brandtstädter & Rothermund（1994）は，目標への対処方略として，目標に固執しそれを追求しようとする方略と，目標を達成可能な水準に柔軟に設定しなおす方略を提示し，加齢に伴って後者の方略が多く取られるようになることを明らかにしている。さらに，Ebner, Freund, & Baltes（2006）は，若者は成長に関する目標を持ちやすく，高齢者は現状維持や損失回避に関する目標を持ちやすいことを明らかにし，若者において現状維持目標は，幸福感と負の関連がある一方で，高齢者においては正の関連があることを示している。これらの結果についてEbner et al.（2006）は，生涯発達の過程において，成長から現状維持や損失回避へと目標の転換が行われ，この目標の転換によって，加齢に伴って生じる生活上の変化に適応することが可能となると説明している。また，このような発達過程は，こうありたいと思う自己像である理想自己の研究においても支持されている。例えば，Cross & Markus（1991），Ryff（1991），松岡（2006）では，理想自己と現実自己のズレ

は，高齢になるにつれて小さくなることが明らかにされており，加齢に伴って，理想自己を実現可能な水準へと調節することや，ありのままの現実の自己を受容することによって，現実自己への肯定的評価を保っていることが指摘されている。

アイデンティティ発達に関する研究として，Sneed & Whitbourne（2003）は，アイデンティティ・プロセスを，経験と自己概念のズレを経験した際に，自己一貫性を維持する過程である"同化"，経験に沿って自己を変容させる過程である"調節"，自己一貫性を維持しつつ必要に応じて変える"均衡"の三点から捉え，生涯発達を検討している。年齢との関連を検討した結果，調節が年齢によって減少し，同化が年齢によって増加することを明らかにしている。同様に，Rice & Pausupathi（2010）は，自己形成への取り組みに関する語りを分析した結果，高齢者は若者よりも，自己形成への動機づけが低く，既存の自己を維持しようとする語りが多いことを明らかにしている。以上のように，高齢になるほど，それまでの目標や理想に固執することなく，自己評価を保つために自己の一貫性を維持することに動機づけられることが先行研究から指摘されている。そのため，青年期に顕著であるとされる自己変容に対する志向性は，加齢に伴って低下することが予測される。

自己変容に対する志向性に関連する変数

これまで，自己変容に対する志向性を促進する要因として，自尊感情の低さ（Kiecolt & Mabry, 2000）や向上心（田中, 2011）など様々な検討がなされてきた。自己変容に対する志向性が加齢に伴って減少するとすれば，その理由を解明するために，これらの要因を同時に検討する必要があろう。

また，先行研究においては，自己評価の検討を行う際には，自己概念への関心の高さや重要性の認識の程度を考慮すべきであることが指摘されている。例えば，Moretti & Higgins（1990）では，研究者側が設定した選択肢によって，理想自己について回答させるよりも，回答者側が重要であると認識している理想自己を抽出する方が，自己評価に強く影響することを明らかに

している。同様に，Marsh（1986）では，どの領域の自己概念が重要であるかという認識が，自己評価に影響を及ぼすことを示している。これらの研究においては，自己概念の評価に影響を及ぼす要因として，"自己概念"への関心・重要性の認識が取り上げられている。これらの文脈を参考とするならば，自己変容に対する志向性に関しても，今後自分がどのように変わっていくかという"自己概念の変容"への関心度や重要性の認識が深く関わっていると考えられる。そこで本研究では，"自己変容への関心"を取り上げ，"現在有している自己概念が時間的に変わることに対して興味・関心を有し，その重要性を認知していること"と定義する。Cross & Markus（1991）やHooker（1992）では，高齢者は若者に比べて，理想自己の記述数が少なく，理想自己に関して考える時間が少ないことが示されているため，自己変容への関心は加齢とともに低下すると予測される。

また，多くの先行研究において，自尊感情について加齢による変化が示されている。生涯発達に関する研究（Orth, Maes, Schmitt, 2015; Orth, Robins, & Widaman, 2012; Robins, Trzesniewski, Tracy, Gosling, & Potter, 2002）では，自尊感情は，青年期から成人期にかけて増加し，60歳付近でピークを迎えることが実証されている。本邦では，小塩・岡田・茂垣・並川・脇田（2014）が，メタ分析によって日本人においても，大学生に比べて成人や高齢者は自尊感情が高く，中学生や高校生は低い傾向があることを明らかにしている。

以上の議論を踏まえて，【研究1】では，自己変容への関心と自尊感情から自己変容に対する志向性の生涯発達を検討する。年齢によって，三変数の関連が異なるかどうかも同時に検討することによって，なぜ自己変容に対する志向性が青年期以降に低下するのかを他の変数との関連から説明することが可能となる。すなわち，変容を志す気持ちが低下する背景として，今後の自分の変化への関心が薄れることや，今の自分に対して肯定的な感情を抱くようになることが予測される。

第2節　自己変容に対する志向性の諸側面

自己変容に対する志向性の多面性

　鈴木（1998）は，"優れた先輩や友人に憧れたり，アイドルに夢中になったりする反面，自分を嫌悪し劣等感に苛まれるといった青年期の心性には，自分の否定的側面に気づき，自分を変えたいと望む心がさまざまにうごめいているのである（pp.131）"と述べており，自己変容に対する志向性には多様な側面が存在することを示唆している。ここでは，先行研究において散見される自己変容に対する志向性の諸側面に関連する知見を整理する。

　現在の自己の参照　自己変容に対する志向性の一つの側面として，現在の自己を参照したものがある。水間（2003）は，自己嫌悪を感じる場面において生じる否定的な自己の変容を志向する態度を"否定性変容志向"と呼び，大学生を対象に実証的な研究を行っている。また，臨床的な事例研究では成田（2006）において，"自分をガラリと変えたい"と訴え続け，どう変わりたいかという問いに対して，"全部"としか答えられずに自己の大幅な変容を望んだ女子大学生の臨床事例が報告されている。これらは，現在の自己に焦点が当てられ，その否定性を改善しようとする気持ちや，現在の自分とはまったく違う自分になりたいという気持ちが表れていると考えられる。

　将来や過去の自己の参照　前述の現在の自己に対する否定的な認識のみならず，時間的な要因についても考慮する必要がある。自己の諸特性を向上させたいという"自己向上動機"（Taylor et al., 1995）は，未来の自分をよりよくするための動機づけの装置として捉えられていること（Sedikides, 1999）や，将来を想像することが自己向上動機と関連していること（Oettingen, Mayer, Thorpe, Janetzke, & Lorenz, 2005）が示されている。また，理想自己や可能自己が，現在の自己を変容させる重要な役割を担うことが指摘され（Boyatzis & Akrivou, 2006; Markus & Nurius, 1986），本邦においても，なりたい

自分になろうとする気持ちを意味する"理想自己志向性"について検討が行われている（水間, 2004; 山田, 2004）。これらは，いずれも将来の自己を参照した自己変容に対する志向性であると考えられる。

加えて，並川（2009）は，過去の自己と現在の自己の比較である継時的比較を行う動機の一つとして"自己向上"を見出していることから，自己変容に対する志向性は，将来だけでなく，過去の自己を参照する場合も考えられる。

他者の参照　青年期は友人が自我理想の形成に大きく影響していること（岡田, 1987）や，他者との比較によって，自己向上を望む気持ちが生じること（高田, 1993; Taylor & Lobel, 1989）から，他者を参照するような側面が存在すると考えられる。

変容自体の追求　また，宮原（1999）は変身願望を，"成りたい願望"と"変わりたい願望"に分類し，後者は何かになりたいというのではなく，とにかく"変わってみたい"という変身そのものへの願望であることを論究している。これは，これまで挙げた側面とは異なり，自己変容そのものを追求するような志向性である。

【研究2】では，以上のような自己変容に対する志向性の諸側面に着目する。具体的には，志向性を持つ者に対して，志向性を持つ理由を尋ね，その記述を集約することによって多面性を把握する。

アイデンティティ地位との関連

自己変容に対する志向性と関連する要因としては，これまで内省（水間, 2003），時間的展望（水間, 2003; 田中, 2011），自尊感情や自己評価（Kiecolt & Mabry, 2000; 中間, 2007），向上心（田中, 2011）などが主に検討されてきた。Dunkel & Anthis（2001）は，可能自己が，アイデンティティ形成プロセスにおいて現れる重要な機能であることを示しており，大学生においては，アイデンティティの形成が発達上の主題であるため，自己変容に対する志向性の諸側面に関して，アイデンティティ形成との関連から検討を行う。

自己変容に対する志向性とアイデンティティ形成との関連については，これまでほとんど検討されていない。その中でも，外山・平出（1995）は，自己変容の希求から，散髪，アルバイトへの挑戦，1 か月間の海外旅行の申し込みなどの性急な行動が次々と生じた女子大学生の事例を報告している。外山・平出（1995）は Marcia（1966）のアイデンティティ地位の理論に基づいて，この時の女子大学生を拡散地位にあったと位置づけている。そして面接を経るにつれて自分についての見方が変わり，モラトリアム地位へ移行し，達成地位への兆しが表れたことを述べている。しかし，これは一名を対象とした事例研究であるとともに，アイデンティティ地位の判定が半構造化されたアイデンティティ地位面接（無藤，1979）などによるものではなく，面接者による主観的な解釈であるため，知見を一般化するのは困難である。また，Dunkel（2000）は，モラトリアム地位においては，その他の地位と比べて，ネガティブな可能自己の表出数が多いことを示している。ここから，アイデンティティ地位によって自己変容に対する志向性には違いが表れることが推察される。そこで，【研究3】は，複数の一般の大学生に対して，同一性地位判定尺度（加藤，1983）を用いてアイデンティティ地位の判定を行い，アイデンティティ地位による自己変容に対する志向性の違いについて検討を行う。また，自己変容に対する志向性の多面性を考慮して，アイデンティティ地位との関連を諸側面ごとに検討を行う。

自尊感情との関連

また，自己変容に対する志向性と自尊感情の関連については，必ずしも一貫した知見が得られているわけではない。黒沢（1993）によって作成された自尊心尺度では，"自分は色々な点で，もっと変わる必要がある" という項目が低い自尊心として得点化される。同様に，溝上（1999）の自己評価尺度では "私は自分自身の中に変えたい部分がたくさんあります" という項目が自己評価の低さとして得点化される。つまり，これは自己変容に対する志向性自体が自尊感情の低さとして捉えられていることを意味している。また，

Hudson & Roberts（2014）や Hudson & Fraley（2016a）は，パーソナリティの変容を志向するほど，心理的適応の得点が低いことを示している。一方，中間（2007）では自己の否定性を変容させようとする志向性が，自尊感情と正の関連を示している（$r=.15, p<.01$）。また，Kiecolt & Mabry（2000）では，より望ましくより親切な自分に変えたいという気持ちは自尊感情と正の相関を示す一方で，自信を持った楽観的な自分に変えたいという気持ちは自尊感情と負の相関を示している。これは，自尊感情との関連が，自己変容に対する志向性の側面によって異なることを裏付ける結果であると考えられる。以上のことから，【研究4】において自尊感情との関連を検討する。

発達的変化

以下では，青年期発達に関する先行研究に基づいて，自己変容に対する志向性の諸側面の発達的変化に関する予測を行う。先述の通り，自己変容に対する志向性の側面は，"現在の自己"，"将来の自己"，"過去の自己"，"他者"などによって整理されているため，ここでは，将来・現在・過去に対する意識である時間的展望の発達と，他者からの影響が重要な役割を果たす自己確立の観点から仮説を生成する。

時間的展望の発達　Lewin（1951）は，時間的展望を，"ある一定時点における個人の心理学的過去，および未来についての見解の総体"と定義し，児童期から青年期に渡る時間的展望の発達を次の2点から定式化している。第一に，より遠い未来や過去の事象が，現在の行動に影響を及ぼすようになる"時間的展望の拡大"である。第二に，願望するだけの実現不可能な水準と，実際に努力すれば実現可能な水準とが分化する"現実と空想の分化"である。

第一の"時間的展望の拡大"に関しては，Nurmi（2005）や白井（2007）などによって実証されている。さらに都筑（1993）は，大学生の時間的展望は未来志向的であり，過去・現在・未来の関係を統合した上で自らの将来目標が設定され，それに動機づけられていることを示している。以上の結果を整

理すると，青年期において，時間的展望は現在次元を中心としたものから，未来次元や過去次元に広がっていき，最終的にはそれらを統合することで将来への目標にコミットメントするようになるといえる。このような時間的展望の拡大に伴って，自己変容に対する志向性も現在焦点的な側面から将来や過去を焦点化した側面へと変化すると予測される。

　第二の"現実と空想の分化"に関しては，Vestraeten（1980）や飛永（2007）などによって実証されている。Oettingen & Mayer（2002）は，未来展望を，目標に関する将来についての漠然としたイメージである"空想"と，目標の実現可能性の判断を伴った考えである"予期"の二つから捉え，"予期"が高いほど高いコミットメントや高いパフォーマンスを予測することを明らかにしている。また，自己変容の文脈においても，Polivy & Herman（2002）において，自分がガラリと変わるという非現実的な期待ではなく，現実的な目標を計画することが，変容実現のために必要であることが指摘されている。以上から，青年期において，願望的な意味合いの強い空想的な未来展望から，現実的で具体的な行動を予測する展望へと発達し，この変化に伴って，自己変容に対する志向性の側面も，空想的な側面から現実的な側面へと変化することが考えられる。

　自己確立のプロセス　岡田（1987）は中学生，高校生，大学生を対象に理想自己の形成に関する調査を行い，中学生では友人像と理想自己像の間に相関があるが，高校生以降はその関連が見られなくなることを明らかにしている。このことは，友人に影響を受けずに自律的に理想自己を形成するようになる過程を示している。同様に，山本（1989）は，高校生から大学生にかけて，他者と分離した自分であるSeparated-selfの得点が有意に上昇することを実証している。このような自己確立のプロセスに対応して，自己変容に対する志向性も他者同調的な側面から自己確立的な側面へと変化することが考えられる。【研究5】では，以上の予測に基づいて，学校段階ごとに検討を行う。

第3節　理想自己を伴う自己変容に対する志向性

理想自己を伴う自己変容に対する志向性

　自己変容を志向する際には，今の自分だけでなく，どのような自分を目指すのかということも問題になる。これは，自己変容に対する志向性に関しては，現実自己と理想自己の双方の観点から検討する必要があることを意味している。現実自己の変容を志向することは，自尊感情を維持するための動機づけとして機能すること（Taylor et al., 1995），自尊感情と負の関連があること（Kiecolt & Mabry, 2000），内省や未来イメージと正の関連があること（水間，2003）などが明らかにされてきた。一方で，理想自己に着目した検討では，Higgins（1987）は理想自己と現実自己の差異が自己評価に影響するという自己不一致理論を提唱し，これまで多くの研究で実証されてきた（e.g. Moretti & Higgins, 1990）。特に，水間（2004）は，理想自己へ向かう意欲である"理想自己志向性"が，理想自己の実現可能性や実現に伴う肯定的感情によって促進されることを示している。

　以上のような現実自己を改善したいという志向性と，理想自己のようになりたいという志向性は，これまで別々に検討が行われてきたが，自己の変容を望むという点においては，両者は同時に検討することが可能である。すなわち，今のどのような自分（現実自己）をこの先どのような自分（理想自己）へと変えたいのかを同時に尋ねることで，自己変容を望む気持ちに関する理解が一層深まると考えられる。このような両者を統合するアプローチを採用することによって，例えば，"人見知りな自分（現実自己）を，明るく社交的な自分（理想自己）に変えたい"といった個人内で合わせ持つ二つの自己を区別して検討することが可能となる。そのため，【研究6・7・8】では，現実自己の変容を志向する際に伴う理想自己について尋ねる。

　ここで注意すべき点として，自己変容を望む際に，必ずしも全員が現実自

己や理想自己について具体的に想起できるわけではないことが挙げられる。すなわち，今の自分ではいけないと思うけれど，どういう自分を目指すべきか思いつかない者も存在することが考えられる。また，自己変容を望まない者も大学生の一割程存在することが指摘されている（田中，2011）。そのため，自己変容の想起に関しては，個人差に沿った検討が必要であると考えられる。

アイデンティティ形成，進路意識との関連

　アイデンティティ形成において，自己変容の想起が重要な役割を果たしていることは先述した通りであるが（Dunkel & Anthis, 2001），アイデンティティ形成と密接に関係しているものに，進路意識の発達がある（Blustein, Devenis, & Kidney, 1989; Wallace-Broscious, Serafica, & Osipow, 1994）。両者は，いずれも青年が直面する課題であることも踏まえて，ここでは並行して論ずる。Cross & Markus（1991）は，理想自己を設定することには，目指すべき方向性を定め，行動を動機づける機能があることを指摘している。同様に，McElwee & Haugh（2010）は，理想自己の想起が，将来の自分の明瞭さや楽観性の高さと関連することを示しており，そのような将来展望は，アイデンティティ形成に寄与する（Luyckx, Lens, Smits, & Goossens, 2010）ことが明らかにされている。また，進路意識の観点では，可能自己を抽出することは，人生に関するキャリア探索や職業選択の意欲を向上させることが示されている（Shepard & Marshall, 1999; Yowell, 2000）。以上から，理想自己は将来への指針として機能し，自らのアイデンティティ形成や進路意識の向上に役立つと考えられる。

　また，【研究6・7・8】では自己変容の想起に関して，志向性だけでなく，変容後のイメージと変容の実現に向けた計画性に関しても検討する（以下，"イメージ"，"計画性"と呼ぶ）。Meevissen, Peters, & Alberts（2011），Layous, Nelson, & Lyubomirsky（2012），Peters, Flink, Boersma & Linton（2010）などは，最も望ましい可能自己について記述し，その自己になった

姿をイメージするという研究を行っている。研究結果として，最も望ましい可能自己をイメージした群は，日常生活について記述し，それをイメージした群よりも，ポジティブ感情，ポジティブな未来予期，楽観主義の上昇が有意に高いことを示している。そのため，単に自己変容を望むだけでなく，理想自己に変わった姿をイメージすることがアイデンティティ形成にとっても重要な役割を担うと考えられる。

　さらに，Oyserman et al. (2004) は，可能自己がパフォーマンスに影響するためには，可能自己を持つだけでなく，可能自己に向けた妥当な方略が伴うことが重要であると指摘している。また，Luyckx & Robitschek (2014) は，自ら率先して自己の成長を成し遂げようとする認知や行動を意味する自己成長主導性 (Robitschek et al., 2012) とアイデンティティ形成の関連を検討した。その結果，自己変容への目標設定や計画に関わる認知を意味する"計画性（項目例：自分自身を変えようとしているとき，自分の成長にあった実現可能な計画を立てる）"が，最もアイデンティティ形成を予測することが明らかにされた。同様に，22歳以上の成人を対象とした研究ではあるが，Anthis & LaVoie (2006) は，自己変容の計画は後のアイデンティティ探求を促進することを示している。進路意識に関しても，計画性はキャリア探索や職業へのコミットメントを促進することが明らかにされている（Robitschek & Cook, 1999; Weigold, Porfeli, & Weigold, 2013）。これらの結果から，自分を変えるための計画を持っているほど，アイデンティティ形成や進路意識が促進されると予測される。

発達的変化

　現実自己や理想自己を尋ねる方法には，研究者側が項目を設定する法則定立的 (nomothetic) 方法と回答者が自由に想起する個性記述的 (ideographic) 方法がある。Moretti & Higgins (1990) では個性記述的方法で抽出した理想自己による現実自己との差異が，法則定立的によるものよりも，自己評価に影響を及ぼすことを示されている。それ以来，個人にとって重要な理想自己

を取り上げる方法として，個性記述的方法が多用されてきたため，本研究においても採用する。

しかしながら，個性記述的方法によって抽出される自己概念に関して，その内容，具体性，さらには想起可能であるかどうかという点について，これまであまり問題にされてこなかった。Zentner & Renaud（2007）は，青年期以前には安定した理想自己の表象が生成されにくいことを指摘し，親が自分に抱く理想を内在化し，それを受容することで理想自己が生成されることを実証している。また，岡田（1987）や遠藤（1993）は，中学生の時期では友人から理想を取り入れるために，好ましい友人像と理想自己が強く関連しており，高校生や大学生の時期になると，理想自己が現実自己に影響するようになることを実証している。これらの知見から判断すると，青年期前期では必ずしも現実自己や理想自己を自ら想起し，具体的に記述できるとは限らないことが予測される。このことは，中学生は高校生や大学生と比べて内省頻度が低い（髙坂，2009）こととも関連しているであろう。【研究8】では，以上の予測を踏まえて学校段階ごとに比較検討を行う。

第4節　自己変容の捉え方

自己変容の捉え方

自己の変容は潜在的にポジティブに評価され（O'Brien & Kardes, 2016），多くの者がそれを望むにもかかわらず，必ずしもその気持ちが実を結び，自己変容が実現されるわけではないことが知られている。田中（2007）では，嫌な性格特性を変える努力をした者のうち，変わったと思う者は約30%にとどまっており，千島・佐藤（2013）の短期縦断調査においても，自己変容に対する志向性を有していた者のうち約半数が，半年後に自己変容の実現を実感できていなかった。また，Polivy & Herman（2002）は，自己変容を企図する者は，期待が大きすぎるために失敗しやすく，その失敗によって自分に

対する失望感が生じることを指摘している。つまり，望みどおりの変容がなされない原因やそこから生じる感情を理解することが，青年の心理的適応を促す上で重要であることを意味している。

　Polivy & Herman（2000）は，このような変容を妨げる非現実的な期待に着目し，自己変容に対して実現不可能で空想的な期待を持つことを"偽りの希望症候群（false hope syndrome）"と名付けた。"偽りの希望"には，四つの特徴があることを指摘している。すなわち，(a)自分がもっと大きく，(b)実際よりも早く，(c)実際よりも簡単に変わることができて，(d)他の側面までもが変容すると信じるという特徴である。そして，人々が変わりたいと思う時，見事に変わった後の自分をあれこれ空想することで良い気分に浸ることができるが，一方でその"偽りの希望"は，具体的な変容への努力をすることを妨げてしまうということである。その上で，変容の実現にとっては，"偽りの希望"でなく，現実的な目標を確立し，期待を合理的なものにし，変容への努力に伴う挫折に対処する能力を養う必要があることが示されている（Polivy & Herman, 2000, 2002; Herman & Polivy, 2003）。類似した研究として，Oettingen & Mayer（2002）は，個人の願望や理想に規定されるような将来への漠然としたイメージを意味する"空想"と，実現可能性を伴った目標への意識を意味する"予期"を取り上げ，空想を抱いているだけでは，パフォーマンスが促進されないことを明らかにしている。同様に，Oettingen et al.（2005）は，非現実的な未来への空想と今ある現実とを対比する"メンタル・コントラスティング"によって，自己改善に関する目標へのコミットメントが促進されることを実証している。

　以上のように，Polivy & Herman（2000）やOettingen & Mayer（2002）などの知見を踏まえると，自己の変容に関して自らがどのように認知しているかということが，自己変容の実現にとって重要な要因であることがうかがえる。このことはDweck（2008）も，パーソナリティの変容に関する文脈において，変容への信念が重要であることを指摘している。そこで，【研究

9】では，この先今の自分が変わっていくことに関して持っている信念や価値観を"自己変容の捉え方"として，実証的な検討を試みる。なお，本研究における自己変容の捉え方は，自己変容に対する感情的側面（例：自分が変わって嬉しいなど）や行動的側面（例：自分を変えるために努力する）ではなく，頭の中に浮かぶ信念や持っている価値観などの認知的側面（例：自分が変わることは難しい）を意味している。

自己変容の捉え方としては，先述した期待以外にも，葛藤や困難性の認知などが考えられる。根本（2003）や堀之内（1997）は，今の自分を変えることは，慣れ親しんだ自分を捨てることであると指摘し，本当は今の自分を捨てたくない気持ちがあるために，自己変容への努力がなされないことを論じている。このような，自己変容への葛藤は，自己変容の捉え方の一つの形態であり，自己変容の実現を抑制する要因であることが予測される。

また，自己変容の困難性の認知は変容への効力感が低いことを意味するため，Bandura（1977）の自己効力理論に従えば，変容の実現を妨げる要因として機能することが予測される。変わることは困難で，自分は変われないのではないかと思うことは，変化できない自分への失望や卑下をもたらすことが知られている（Kiecolt & Mabry, 2000）。

心理的適応との関連

さらに本書では，大学生が自己の変容に関してどのように捉えているかを明らかにし，変容の実現との関連を検討すると同時に，心理的適応との関連も検討する。前述の通り，Kiecolt & Mabry（2000）は，変容の困難性を認知することは自分への失望や卑下を促進する一方で，変容の見込みを認知することが自己価値や効力感を促進することを明らかにしている。そのため，【研究10】では自己変容への捉え方と自尊感情の関連を検討し，困難性の認知が自尊感情と負の関連を示すかどうかについて検討する。また，自己変容に対して"偽りの希望"のような過度な期待を抱くことは，変容の実現を抑制するだけでなく，変容後の自分を想像することで気分が上昇することも指

摘されている（Polivy & Herman, 2000）。例えば Oettingen, Mayer, & Portnow (2016) では，非現実的な未来の空想は一時的な抑うつの低さと関連するが，長期的には抑うつを促進することが示されている。すなわち，自分が変わることへの期待は，一時的には未来展望を促進することに寄与している可能性が考えられる。そのため，【研究10】においては時間的展望との関連について検討を行う。これらの検討によって，自己変容がなぜ実現されにくいかということだけでなく，変容をどのように捉えることが心理的適応にとって有用であるかを明らかにすることが可能である。このことは，特に，変われずに悩む大学生（成田，2006）にとって有用な知見となり得るであろう。

第5節　自己変容の予期に伴う葛藤

自己変容の予期に伴う葛藤

　本節では，自己変容の捉え方の中でも，葛藤に関して詳細に取り上げる。田中（2007）は変容への意欲や関心が高くとも，変容を遂行する努力が欠けている場合には変化が生じにくいと述べている。そして，そのような努力を妨げる一因として，変容のメリットやデメリットの予期から生じる葛藤の存在が指摘されている（堀之内，1997; Kiecolt, 1994; Miller & Rollnick, 2002）。例えば，変わることに利益を予期していても，もう一方で今の自分でいることに安心感を抱いている場合は，自分を変えるための努力に結びつかないことが論じられている。そこで【研究11】では，自己変容の実現に影響する要因として，自己変容のメリットやデメリットの予期に伴う葛藤に着目する。

　このような葛藤を明確化し，解消することで変容への意欲や変容の実現を促す臨床技法として，"動機づけ面接（motivational interviewing; Miller & Rollnick, 2002）"がある。動機づけ面接では，Lewin（1935）の理論を用いて，葛藤を次のように整理している。すなわち，"接近-接近葛藤（例：今の自分が変わることにもメリットがあるが，今のままでいることにもメリットがある）"，

"回避-回避葛藤（例：自分が変わることにもデメリットがあるが，今のままでいるのもデメリットがある）"，"接近-回避葛藤（例：自分が変わることにはメリットもデメリットもある）"である。これらの葛藤を解決することが，被面接者の変容への抵抗を取り除き，主体的な変容を促す鍵となるとされている。さらに，動機づけ面接では先述のような葛藤を明確化するために，自己変容と現状維持についてメリットとデメリットの両面をそれぞれ尋ねるバランスシートが用いられる。同様の手法を用いた事例として，堀之内（1997）のアパシー傾向の強い学生との面接がある。堀之内（1997）は，被面接者に対して，バランスシートへの記入を求めた結果，アパシーを克服することのデメリットやアパシー傾向であり続けることのメリットが多く記入され，被面接者の葛藤への気づきを促したことが報告されている。

　バランスシートや動機づけ面接における葛藤理論を青年期の自己概念の研究に応用するには，以下の2点に留意する必要がある。第一に，バランスシートは，主に臨床群を対象とした面接時に使用されることが多い点である。本研究では一般青年群を対象とした質問紙調査を行うが，これまでにも，一般青年を対象として質問紙法によって変容のメリットやデメリットを尋ねる研究が行われている。例えば，鈴木（2012）は一般青年に痩身のメリット予期（例：痩せれば自分を好きになれる）や現在の体重を維持することのデメリット予期（例：太っていると自分を好きになれない）について自由記述で尋ねている。そのため，自己変容のメリット（またはデメリット）予期を尋ねる方法として，一般青年を対象にバランスシートを応用することは可能であると考えられる。第二に，動機づけ面接は嗜癖行動の変容を促進するために行われることが多い点である。問題となるような嗜癖行動は変容することが望まれる一方で，青年の自己概念は内的な一貫性と通時的な連続性があることが適応的であるとされており（Campbell, 1990），現在の自己を受容することも一つの選択肢となりうる。このような扱う事象の相違に注意して，動機づけ面接の理論を応用する必要がある。

発達的変化

　自己変容のメリット・デメリット予期やそれに伴う葛藤の発達的変化に関しては，これまでほとんど検討されていないため，関連が想定される変数の発達的変化をもとに予測を行う。Kiecolt（1994）は，自尊感情が低いことが自分を変えようとする気持ちの背景にあることを示しており，自尊感情は一般的に，児童期から青年期にかけて低下し，青年期から成人期にかけて上昇することが知られている（e.g. Robins et al., 2002）。本邦におけるより詳細な検討では，伊藤（2001）や岡田・永井（1990）が，自尊感情が中学生から高校生にかけて低下し，高校生期から大学生期にかけて上昇するU字型を示すことを明らかにしている。小塩他（2014）のメタ分析においても，中学生や高校生は大学生よりも自尊感情が低いことが示されている。以上のような自尊感情の発達に伴って，自己変容への葛藤も変化することが考えられる。自尊感情は，現在の自分への肯定的感情であるため，大学生の時期に自尊感情が上昇するにつれて，現状維持へのメリットの予期が高くなることが予測される。

　また，水間（2003）は，内省得点が高いほど変容への志向性が高まることを示しているため，内省の発達に応じて自己変容に対する意識も変化することが考えられる。髙坂（2009）は，青年期における内省への取り組み方が学校段階ごとに変化することを明らかにした。すなわち，中学生は内省頻度が少なく，高校生は自己の否定性の直視への抵抗が強く，大学生は否定的な部分も含めて深く自己を見つめることが可能となる。これらの結果から，内省頻度の低い中学生においては，自己変容の予期に伴う葛藤が生じにくいことが予測される。【研究12】では，以上の予測に基づいて学校段階の比較によって検討を行う。

第3章 本研究の目的と構成

第1節 本研究の目的

本研究の目的は，青年期における自己変容に対する志向性に関して，個人差と発達的変化に着目しながら，その特徴を明らかにすることである。これまでの議論を踏まえると，個人差の検討には，三つの観点が含まれていると考えられる。

第一に，"青年はなぜ変わりたいと思うのか"という観点である。第2章第1節，第2節で述べた通り，自己変容に対する志向性は，青年期において顕著に表れることが予測され，志向性には様々な側面が存在することが考えられる。青年が自己変容を志向する理由に着目して，アイデンティティ地位や自尊感情との関連を検討することで，志向性の諸側面における個人差を示すことが可能となる。

第二に，"自己変容を望む際に，理想とする自分があるのか"という観点である。第2章第3節で述べた通り，理想自己を伴った上で自己変容を望むかどうかには，個人差や発達差があると考えられ，この個人差に着目することで，どのような志向性がアイデンティティ形成や進路意識を促進するかを明らかにすることが可能となる。

第三に，"自分が変わることをどのように思っているのか"という観点である。第2章第4節，第5節で述べた通り，自己変容の捉え方は人によって様々であることが考えられる。特に，葛藤に関しては先行研究で，いくつかの種類が取り上げられている。この個人差に着目することで，どのように自己変容を捉えることが，心理的適応や自己変容の実現を促進するかを明らか

にすることが可能となる。

　発達的変化に関しては，先述の三つの問いに基づきながら，青年期前期を中学生，青年期中期を高校生，青年期後期を大学生とし，学校段階の比較による検討を行う。これらの検討を通して，自己変容に対する志向性はどのように発達的に変化し，その変化は何が要因となっているのかが示される。

第2節　本研究の構成

　理論的検討にあたる第1章，第2章，第3章を経て，第4章から実証的検討を行う。第4章の【研究1】では，本研究において青年期を対象にすることの前提となる研究として，青年期から老年期までを含めて，年齢的傾向を明らかにする。この検討によって，自己変容という現象に関して，青年期に注目することの重要性が示されることが予測され，以降は先述の三つの問いに基づいた検討が行われる。

　第5章では，"なぜ変わりたいと思うのか"という問いに基づいて研究を行う。【研究2】では，大学生に自己変容を志向する理由を尋ね，探索的に志向性の諸側面について把握する。【研究3・4】では，【研究2】で得られた自己変容に対する志向性の諸側面を，因子分析によって実証的に分類するとともに，アイデンティティ地位との関連や自尊感情との関連を明らかにする。これらの検討によって，変容を志向する理由によって，人格形成や心理的適応との関連がどのように異なるのかを示すことができる。さらに，【研究5】では，中学生・高校生・大学生の比較を通して，自己変容に対する志向性の諸側面について発達的変化を明らかにする。

　第6章では，"自己変容を望む際に，理想とする自分があるのか"という問いに基づいて研究を行う。その際，今の自分（現実自己）をどのような自分（理想自己）に変えたいかを尋ねることによって，理想自己が伴った変容を望んでいるかどうかに着目する。【研究6】では，大学生を対象に，アイ

デンティティ形成を促進するような志向性の持ち方を横断調査によって検討し，【研究7】では質問紙実験を用いて検討する。【研究8】では，中学生・高校生・大学生の比較を通して，理想自己を伴う自己変容に対する志向性について，発達的変化を検討する。

　第7章では，"自分が変わることをどのように思っているのか"という問いに基づいて研究を行う。【研究9】では，大学生に自分が変わることに対する意識を尋ね，探索的に自己変容の捉え方を把握する。その上で，【研究10】では，【研究9】で得られた結果について，因子分析によって実証的に分類するとともに，自己変容の捉え方と自己変容の実現や心理適応との関連を明らかにする。これらの検討によって，どのように自己変容を捉えていることが，変容の実現や心理的適応にとって望ましいのかが明らかにされる。

　第8章では，第7章に引き続き自己変容の捉え方についての検討を行うが，特に自己変容の予期に伴う"葛藤"に着目する。【研究11】では，大学生に自己変容の予期に伴う葛藤を尋ねるバランスシートを作成し，自己変容と現状維持のメリットとデメリットについて探索的に把握する。さらに，【研究12】では，自己変容に対する葛藤を抱いている者を，クラスタ分析によって抽出するとともに，中学生・高校生・大学生の比較を通して発達的変化を検討する。これらの検討によって，これまでほとんど検討されてこなかった自己変容の予期に伴う葛藤の特徴に関して，実証的に明らかにすることが可能となる。

　第9章では，これまでの研究を総括し，得られた知見について個人差と発達的変化の観点から整理する。特に，【研究5・8・12】の学校段階による比較によって得られた知見については，青年期前期・中期・後期ごとにまとめ，自己変容に対する志向性の発達的変化を論じる。次に，本研究がもたらした学術的貢献を述べるとともに，得られた知見に基づいた教育的・臨床的支援について提言する。特に，教育実践への応用可能性を踏まえて，学校現場で使用できるワークシートを例示する。最後に，本研究の限界と今後の課

題について述べる。

第Ⅰ部 理論的検討

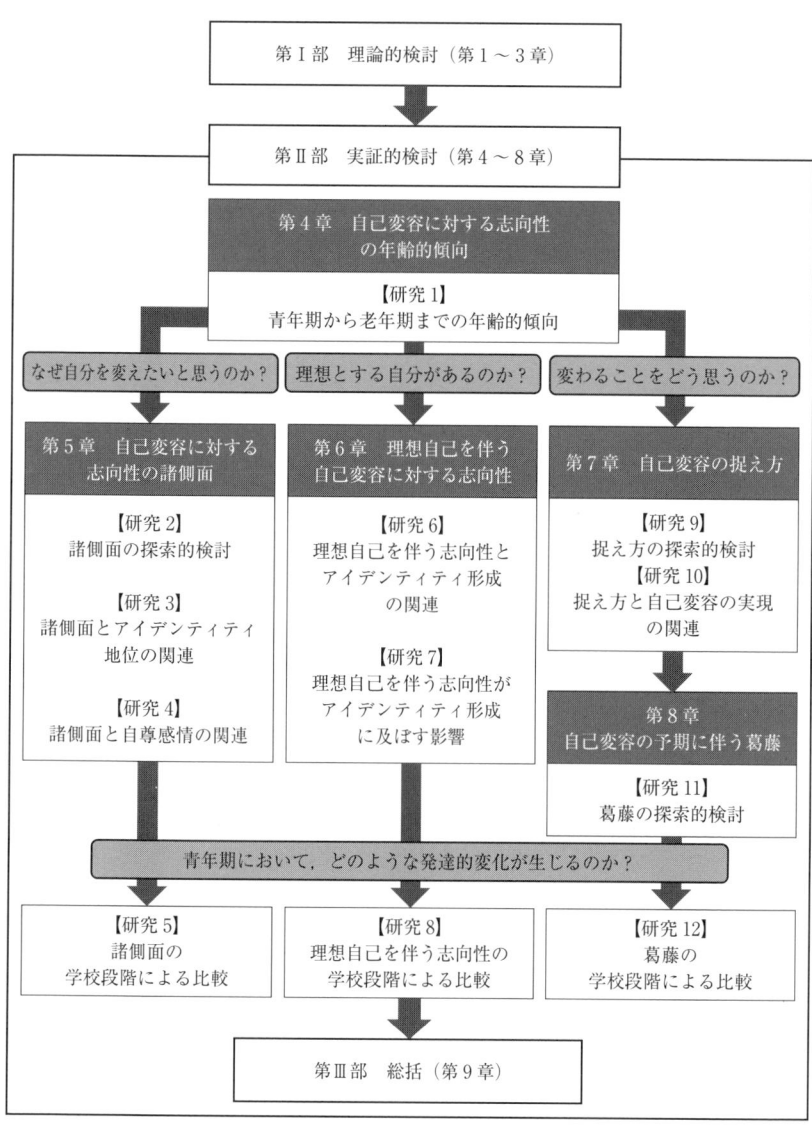

Figure 3-2-1 本研究の構成

第Ⅱ部

実証的検討

第4章　自己変容に対する志向性の年齢的傾向

第1節　自己変容に対する志向性の年齢的傾向【研究1】[2]

目的

　本研究の目的は，自己変容に対する志向性の年齢的傾向について，生涯発達的観点から明らかにすることである。自己変容への関心，自尊感情との関連を踏まえながら検討を行う。加齢による自尊感情の増加と，自己変容への関心の減少に伴って，自己変容に対する志向性は低下することが予測される。

方法

　実施手続きと調査協力者　インターネット調査会社であるクロス・マーケティング株式会社が保有するモニターを対象に，クローズ型ウェブ調査を実施した。調査は，3回に渡って行われ，第一回は，2013年1月に22歳-35歳を対象に行われた。第二回は，2013年12月に35-69歳を対象に行われた。第三回は，2015年2月に15-24歳を対象に行われた。三回の調査の実施年は異なるものの，調査の実施月はある程度同じになるよう配慮した。本研究では生涯発達を明らかにすることを目的としているため，三回のデータを合わせて分析を行うこととした。なお，調査は筑波大学の研究倫理審査委員会の承認を得た上で実施された（課題番号：筑24-73）。

　得られたデータのうち，5件法の質問の80％以上で同じ数字を選択していた94名については，分析から除外した。また，対象者間の連続性を担保する

---

[2]　本研究は，平成24年度筑波大学研究基盤支援プログラムの助成を受けて行われた。

Table 4-1-1　調査協力者の内訳

	高校生 15-18歳	大学生 18-24歳	20代 22-29歳	30代 30-39歳	40代 40-49歳	50代 50-59歳	60代 60-69歳	合計
学生	145(82)	146(72)	0	0	0	0	0	291(154)
常勤職	0	0	109(52)	156(51)	57(18)	46(13)	28(8)	396(142)
非常勤職	0	0	26(15)	27(18)	14(12)	13(12)	9(6)	89(63)
専業主婦	0	0	16(16)	52(52)	14(14)	21(21)	22(22)	125(125)
無職	0	0	16(5)	16(3)	5(3)	11(4)	32(5)	80(20)
その他	0	0	5(4)	2(0)	1(0)	7(4)	1(1)	16(9)
合計	145(82)	146(72)	172(92)	253(124)	91(47)	98(54)	92(42)	997(513)

注1) 括弧内の数字は，女性の人数を表している．
注2) 大学生には，短期大学生・専門学校生も含まれている．
注3) 20代-60代は，全員が大学・短期大学・専門学校のいずれかを卒業した者である．

ために，以下のスクリーニングを行った．第一に，高校生には卒業後の希望進路を尋ねる選択肢として，(a)大学・短期大学・専門学校への進学希望，(b)就職希望，(c)その他の三つを設け，進学希望者のみを調査対象とした．第二に，大学生は，大学（6年制を含む）・短期大学・専門学校のいずれかに在籍している者のみを対象とした．その中でも，86％が大学に在籍していたため，本研究では便宜的に"大学生"と呼ぶ．第三に，20代-60代は，大学・短期大学・専門学校のいずれかを卒業した者のみを調査対象とした．以上の手続きを経て，最終的に分析に用いた調査協力者は997名（男性484名，女性513名，平均年齢33.66歳，$SD=14.57$）であった．Table 4-1-1において，調査協力者の内訳を年代と職種ごとに示した．

調査内容　1．自己変容に対する志向性：独自に項目を作成した．"今の自分を変えたい"，"自分は変わらなければならないと感じている"，"このままの自分でいたい"，"何としてでも変わりたいと思う"，"無理に自分を変えなくてもいいと思う"の5項目である．5件法で回答を求めた．

2．自己変容への関心：独自に項目を作成した．"今の自分が変わることについて，関心がある"，"今後の自分の変化に興味がある"，"これから自分がどう変わるかは，自分にとって重要だ"の3項目である．5件法で回答を

求めた。

 3．自尊感情：Rosenberg（1965）で作成され，山本・松井・山成（1982）によって翻訳された尺度を使用した。なお，第8項目は他の項目と比べて，著しく共通性が低いことが指摘されているため（伊藤・小玉，2005），本研究においても，第8項目の"もっと自分自身を尊敬できるようになりたい"を除外した9項目を使用した。山本他（1982）と同様に，5件法で回答を求めた。

 4．デモグラフィック変数：居住地，職種，年齢，性別を尋ねた。

結果

事前分析　各尺度の α 係数を算出したところ，自己変容に対する志向性で.87，自己変容への関心で.89，自尊感情で.90であり，一定の内的整合性が確認された。そのため，それぞれの変数で項目の加算平均を算出し，得点化を行った。

20代以降のデータに関して，職種による差を検討するため，分散分析によって各得点の比較を行った。職種の分析の際には，"その他"を除外した。その結果，自己変容に対する志向性で有意差が示され（$F=3.87$, $df=3, 686$, $p<.01$, $\eta^2=.02$），多重比較の結果，非常勤職の者は専業主婦の者に比べて，得点が高かった。さらに，自己変容への関心で有意差が示され（$F=4.53$, $df=3, 686$, $p<.01$, $\eta^2=.02$），無職の者は常勤職や非常勤職の者に比べて，得点が低かった。自尊感情では，有意差が示されなかった（$F=2.50$, $df=3, 686$, $n.s.$, $\eta^2=.01$）。

年代・性別ごとの比較　年齢と各得点の関係を検討するため，年齢（直線）と年齢の二乗（二次曲線）を独立変数とした回帰分析を行った（Table 4-1-2）。その結果，自己変容に対する志向性，自己変容への関心，自尊感情で，二次曲線の係数の方が高く，以上の変数は年齢によって曲線的に推移することが明らかになった。そこで，以降は年代ごとに群分けして分析を行うこととした。年代は，高校生，大学生，20代，30代，40代，50代，60代の7

Table 4-1-2　年齢と各変数の回帰分析

	年齢	年齢の二乗
自己変容に対する志向性	$-.30^{***}$	$-.32^{***}$
自己変容への関心	$-.30^{***}$	$-.31^{***}$
自尊感情	$.30^{***}$	$.31^{***}$

注）$^{***}p<.001$

つの群に分けた。

　年代ごとに各尺度のα係数を算出したところ，自己変容に対する志向性で，年代順に.82, .85, .88, .84, .89, .89, .90，自己変容への関心で.87, .85, .87, .88, .88, .89, .89，自尊感情で.85, .87, .91, .90, .90, .86, .87であり，どの年代においても一定の内的整合性が確認された。

　年代と性別を要因とし，各得点を従属変数とした二要因分散分析を行った（Table 4-1-3）。その結果，全ての変数で，年代の主効果が有意であった。多重比較の結果，自己変容に対する志向性は，50代で30代以下よりも低く，60代で全ての年代よりも低かった。自己変容への関心は，40代で大学生以下よりも低く，50代で30代以下よりも低く，60代で全ての年代よりも低かった。自尊感情は，50代で30代以下よりも高く，60代で40代以下よりも高かった。交互作用は，いずれの変数においても有意ではなかった。年代による効果が特に大きかったため，年代ごとの各得点の推移をFigure 4-1-1に図示した。

三変数間の関連に関する多母集団同時分析　自己変容に対する志向性，自己変容への関心，自尊感情の三変数間の関連についてモデルを構成し，年代ごとに多母集団同時分析を行った（Figure 4-1-2）。その際，モデルの適合性を正確にするため，自己変容に対する志向性と自尊感情の項目に関しては，小包化によって複数の項目を下位次元にまとめ，潜在変数を作成した。小包化には，(a)個々の項目を投入するよりも尺度の信頼性が確保されること，(b)観測変数の分布が正規分布に近づくため，最尤法推定による構造方程式モデリングに適していること，(c)観測変数の数に対するサンプルサイズの比が高

Table 4-1-3　年代と性別を要因とした各得点の二要因分散分析

		自己変容に対する志向性		自己変容への関心		自尊感情	
		男性	女性	男性	女性	男性	女性
年代	1．高校生	3.17 (0.89)	3.41 (0.79)	3.75 (0.91)	3.83 (0.85)	3.08 (0.71)	2.75 (0.77)
	2．大学生	3.34 (0.92)	3.17 (0.77)	3.81 (0.89)	3.69 (0.92)	3.00 (0.84)	2.84 (0.72)
	3．20代	3.38 (1.04)	3.27 (0.73)	3.65 (0.99)	3.68 (0.80)	2.97 (0.92)	2.86 (0.73)
	4．30代	3.29 (0.87)	3.16 (0.76)	3.56 (0.95)	3.70 (0.79)	3.05 (0.93)	3.06 (0.68)
	5．40代	3.09 (0.85)	3.08 (0.86)	3.35 (1.03)	3.42 (0.97)	3.12 (0.84)	3.19 (0.81)
	6．50代	2.92 (1.00)	2.89 (0.70)	3.22 (1.02)	3.31 (0.67)	3.51 (0.68)	3.35 (0.66)
	7．60代	2.37 (0.79)	2.19 (0.79)	2.76 (0.92)	2.82 (0.85)	3.64 (0.57)	3.79 (0.62)
年代の主効果	F値　$df=6, 983$	20.11*** 6＜1, 2, 3, 4 7＜1, 2, 3, 4, 5, 6		16.95*** 5＜1, 2; 6＜1, 2, 3, 4 7＜1, 2, 3, 4, 5, 6		17.21*** 1, 2, 3, 4＜6 1, 2, 3, 4, 5＜7	
	η^2	.11		.09		.09	
性別の主効果	F値　$df=1, 983$	0.99		0.64		2.08	
	η^2	.00		.00		.00	
交互作用	F値　$df=6, 983$	1.06		0.37		1.34	
	η^2	.01		.00		.01	

注1）$^*p<.05$，$^{**}p<.01$，$^{***}p<.001$
注2）多重比較（Bonferroni法，5％水準）の結果を，F値の下段に示した。

くなり，推定が安定することなどの利点が指摘されている（星野・岡田・前田，2005）。本研究の小包化の手続きには，Coffman & MacCallum（2005）で推奨されている領域再現法を採用した。領域再現法とは，因子パターン順を手掛かりに，因子パターンが最も高い項目と最も低い項目，二番目に高い項目と二番目に低い項目という組み合わせで，小包を作成する方法である。自

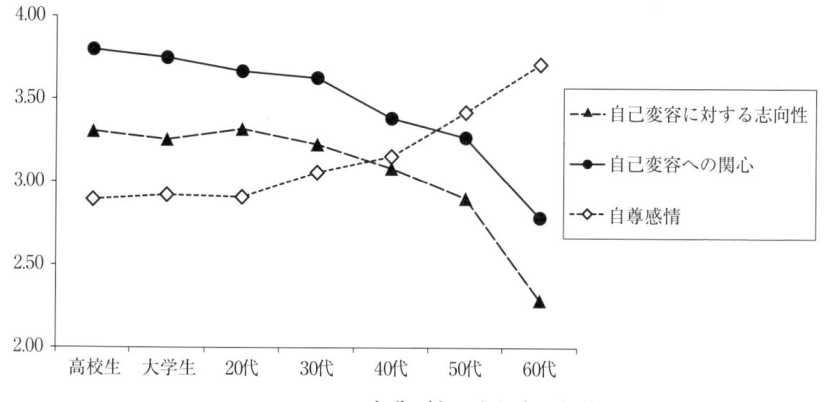

Figure 4-1-1 年代ごとの各得点の推移

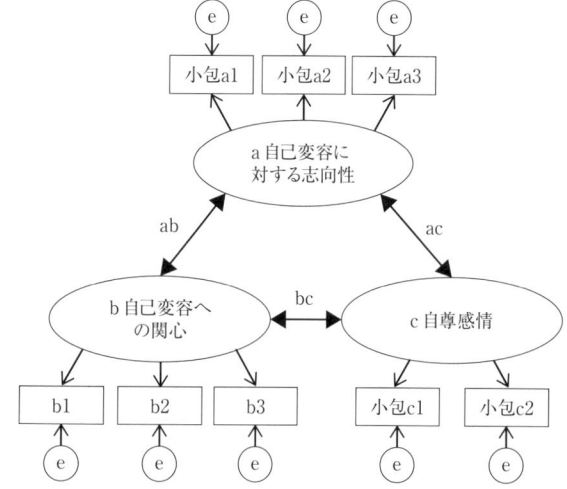

Figure 4-1-2 多母集団同時分析で検討されたモデル

己変容に対する志向性は5項目であったため，三つの小包を作成した。自尊感情に関しては，清水・山本（2008）で五つの小包よりも二つの小包の場合で適合度が高く，二つの小包を作成することが推奨されているため，本研究もそれに従った。

また，モデルの構造や係数が年代間で同一であるかどうかを確かめるため

Table 4-1-4　多母集団同時分析におけるモデル適合度

	χ^2	df	GFI	AGFI	CFI	RMSEA	AIC
モデル1	220.12***	77	.94	.86	.97	.04	458.12
モデル2	335.35***	143	.92	.89	.96	.04	441.35
モデル3	352.98***	161	.91	.90	.96	.04	422.98

注1）モデル1：等値制約なし
　　モデル2：各因子の因子負荷量，誤差分散に等値制約
　　モデル3：モデル2＋因子間の共分散に等値制約
注2）***$p<.001$

Table 4-1-5　因子間の共分散の標準化推定値（モデル3）

	高校生	大学生	20代	30代	40代	50代	60代	
ab	.69	.69	.70	.73	.79	.77	.74	***
ac	−.49	−.44	−.43	−.49	−.54	−.59	−.64	***
bc	−.24	−.23	−.25	−.24	−.23	−.32	−.32	***

注）***$p<.001$

に，モデルの比較を行った。分析に際して，等値制約を施さないモデル1，各因子における因子負荷量と誤差分散に等値制約を施したモデル2，モデル2の条件に加えて，各因子間の共分散に等値制約を施したモデル3の三つのモデルを設け，適合度を算出した（Table 4-1-4）。AIC をモデルの選択基準としたところ，モデル3の適合度が最も良かったため，モデル3を採択した。モデル3における年代ごとの因子間の共分散を Table 4-1-5に示した。

考察

本研究の目的は，自己変容に対する志向性の生涯発達について，自己変容への関心，自尊感情との関連を踏まえながら明らかにすることであった。

職種・性別による差異　非常勤職の者は専業主婦の者に比べて，自己変容に対する志向性の得点が高かった。さらに，無職の者は常勤職や非常勤職の者に比べて，自己変容への関心の得点が低かった。非常勤職や無職の者は社会的地位や収入が比較的低いことが一つの要因として考えられるが，年代ごとに得点を比較した結果を踏まえれば，これらの職種による差異は，各職種

の年齢分布に起因するものが大きいと推察される。すなわち，非常勤職には若者の割合が多いために自己変容への志向性が高く，無職には高齢者の割合が多いために関心が薄いと考えられる。

　自尊感情では，性別で有意差が示されなかった。自尊感情については男性の方が女性よりも高いという報告が一般的であるものの（e.g. Robins, et al., 2002），性別による有意差は見られず，効果は極めて小さいという報告（e.g. Orth et al., 2015）も散見される。Kling, Hyde, Showers, & Buswell（1999）では，若者の方が中年や高齢者よりも自尊感情の性差が大きいことが示されているが，本研究においても，20代までは男性の得点が女性の得点を上回っており，同様の結果となったといえる。

　年齢・年代による差異　全ての変数で年齢との関係は，二次曲線のあてはまりが良く，得点は年齢によって曲線的に推移することが示された。先行研究では，自尊感情と年齢は二次曲線のあてはまりがよいことが示されている（Kling et al., 1999; Orth, Trzesniewski, & Robins, 2010; Orth et al., 2012; Orth et al., 2015）が，自己変容に対する志向性や関心は，年齢と負の二次曲線の関係にあり，予測通り年代が上がるにつれて低くなることが示された。自尊感情については，年代が上がるにつれて高くなることが示された。自尊感情は60代付近でピークを迎えるとされており（Orth et al., 2012; Orth et al., 2015; Robins et al., 2002），先行研究を支持した結果となった。

　変数間の関連から，生涯を通じて，自己変容に対する志向性は自己変容への関心と正の関連を示し，自尊感情と負の関連を示した。因子間の共分散が等しいことを仮定したモデルが採択されたため，どの年代においても変数間の関連は同一であることが明らかにされた。これらの結果を総合すると，加齢による自己変容への関心の低下や自尊感情の増加に伴って，自己変容に対する志向性は低下することが示唆された。

　松岡（2006）において，理想自己と現実自己のズレは年代ごとに減少するが，どの年代においてもズレが自尊感情と負の関連を示すことが明らかにさ

れている。本研究においても同様に，年代間で得点の差は大きいものの，変数間の関連には年代で相違がないことが明らかにされた。特に，自己変容への関心と志向性の関連が生涯を通じて高いことから，自己変容に対する志向性が加齢とともに低下するのは，今後の自分の変化について関心が薄れていくことが大きく影響していると示唆された。

本研究の限界として，クローズ型のウェブ調査による検討であった点が挙げられる。インターネットを介して調査を行う研究とインターネットを用いない伝統的な方法による研究をレビューした Gosling, Vazire, Srivastava, & John（2004）では，自尊感情やパーソナリティの生涯発達に関する知見は，どちらの調査方法においても概ね一貫していることが示されている。本研究で得られた知見についても，自尊感情に関しては小塩他（2014）によるメタ分析の結果と，同様の結果が得られた。しかし，本調査は，調査会社のモニターに登録している者を対象としたクローズ型のウェブ調査であるため，一般のサンプルとはインターネットへのアクセシビリティや調査への動機づけが異なる可能性が考えられる。そのため，今後は，自己変容に関する変数について，ウェブ調査以外の方法で同様の知見が得られるのかどうか，検討する必要がある。

第2節　本章のまとめ

本章の目的は，自己変容に対する志向性の年齢的傾向について，生涯発達的観点から明らかにすることであった。【研究1】より，自己変容に対する志向性は青年期において強く持たれており，加齢に伴って低下していくことが明らかにされた。そして，その変化は自尊感情の上昇や，自己変容への関心の低下と強く関連していることが明らかにされた。自己変容に対する志向性が青年期に顕著に表れるということを，本研究では青年期を対象とした結果だけでなく，他の発達段階との比較によって明らかにした。

そこで，本章以降では，青年期を対象にして，自己変容に対する志向性の個人差や発達的変化について検討を行う。続く第5章では，青年はなぜ今の自分を変えたいと思うのかという問いに基づいて，アイデンティティ地位や自尊感情などとの関連を踏まえながら，詳細に検討を行う。

第5章　青年期における自己変容に対する志向性の諸側面

第1節　自己変容に対する志向性の諸側面に関する探索的検討【研究2】

目的

本研究の目的は，大学生における自己変容に対する志向性の諸側面を探索的に明らかにすることである。

方法

調査協力者　関東地方の大学生71名（男性23名，女性47名，不明1名：平均年齢19.30歳，$SD=0.82$）であった。

実施手続きと倫理的配慮　調査は，2011年2月に行われた。大学の講義の前後を利用して，調査協力者に一斉に質問紙を配布し，その場で回収した。調査は無記名であり，回答は任意であること，回答を拒否したり中断したりすることができること，回答を拒否したり中断しても調査協力者に不利益は生じないことなどを紙面に明記し，口頭でも伝えた。なお，調査は筑波大学の研究倫理審査委員会の承認を得た上で実施された（課題番号：22-378）。

調査内容　1．自己変容に対する志向性の有無："あなたは，'今の自分を変えたい'と思いますか"という教示に対して，"変えたい"，"変えたくない"の2件法で回答を求めた。

2．自己変容を志向する理由：溝上（1995）のWHY答法を援用し，1の質問に"変えたい"と回答した者に対して，"あなたは，なぜ今の自分を変えたいと思うのですか。その理由を，思いつく限り書いてください"と教示し，理由について最大五つまで回答を求めた。"変えたくない"と回答した

調査協力者にも同様に、理由について回答を求めた。

3．デモグラフィック変数：所属，学年，年齢，性別を尋ねた。

結果と考察

自己変容に対する志向性の有無の割合　今の自分について，"変えたい"と回答した者は62名（87.3％）であり，"変えたくない"と回答した者は9名（12.7％）であった。これは，田中（2011）の"私は，いろいろと変わる必要がある"という教示に"あてはまる"と回答した割合（87.5％）とも整合する結果であり，8割以上の大学生が，今の自分を変えたいという気持ちを持つことが示された。

自己変容に対する志向性の諸側面　自己変容を志向する理由の自由記述について分類を行った。分類には，"変えたい"と回答した者の記述のみを使用した。記述の分類は，著者が内容の類似性を基準としてKJ法を援用して行った。得られた記述数は125個であったが，自己変容を志向する理由として適当でないと判断された6個の記述を除外し，119個の記述を分類に使用した。分類の結果，A部分変容志向，B向上志向，C全面変容志向，D展望志向，E享楽志向，F一新志向，G懐古志向，H確立志向，I憧憬志向，J模倣志向の10カテゴリが得られた。さらに，大学生の記述からは得られなかったが，宮原（1999）の指摘に基づいて，自己変容そのものを追求する志向性であるK変容追求志向，を自己変容に対する志向性のカテゴリに付け加えた。その結果，自己変容に対する志向性は11カテゴリで構成された。次に，得られたカテゴリが何を参照しているかという点に着目して，さらなる分類を行ったところ，"現在の自己"，"将来の自己"，"過去の自己"，"他者"，"その他"の大カテゴリが得られた（Table 5-1-1）。

　記述数が少ないカテゴリもあるが，自己変容に対する志向性の側面を幅広く把握することに重点を置いたため，内容が異なると判断されたカテゴリは別々に扱った。特にI憧憬志向とJ模倣志向は，ともに記述数が少なかったが，他者の視点が含まれるという点から，他のカテゴリとは異なると判断し

第 5 章　青年期における自己変容に対する志向性の諸側面　45

Table 5-1-1　自己変容を志向する理由の記述の分類

大カテゴリ	自己変容に対する志向性：11カテゴリ		カテゴリの定義	記述数（割合）	
現在の自己	A	部分変容志向	今の自分を部分的に変えたいという気持ち	57	(47.9%)
	C	全面変容志向	今の自分を全面的に変えたいという気持ち	17	(14.3%)
	H	確立志向	確かな自分を確立したいという気持ち	2	(1.7%)
将来の自己	B	向上志向	もっと自分を高めたいという気持ち	19	(16.0%)
	D	展望志向	将来も今の自分のままではいたくないという気持ち	12	(10.1%)
過去の自己	F	一新志向	過去から続く自分を一新したいという気持ち	3	(2.5%)
	G	懐古志向	過去の自分を取り戻したいという気持ち	2	(1.7%)
他者	I	憧憬志向	憧れている人のようになりたいという気持ち	1	(0.8%)
	J	模倣志向	周りの他者に合わせて自分を変えたいという気持ち	1	(0.8%)
その他	E	享楽志向	変化を楽しみたいという気持ち	5	(4.2%)
	K	変容追求志向	常に変化していたいという気持ち	−	
合計				119	

た。I 憧憬志向は，自分の憧れる人のようになることで自己を変容させようとする志向性であり，J 模倣志向は，周りの他者への模倣や同調を行うことで自己を変容させようとする志向性であるため，別のカテゴリとして区別した。

　以上の結果から，自己変容に対する志向性は，自由記述の分類や先行研究の知見に基づいて，最終的に11カテゴリで構成された。先行研究で指摘されていた自己変容に対する志向性の諸側面が幅広く収集された。

第 2 節　自己変容に対する志向性の諸側面とアイデンティティ地位の関連【研究 3】

目的

　本研究の目的は，大学生における自己変容に対する志向性の諸側面を実証

的に明らかにし，アイデンティティ地位との関連から特徴を把握することである。

方法

調査協力者 関東地方の2校の国立大学に在籍している大学生304名（男性142名，女性160名，不明2名：平均年齢19.32歳，$SD=1.27$）であった。

実施手続きと倫理的配慮 調査は，2011年6月から7月に行われた。大学の講義の前後を利用して，調査協力者に一斉に質問紙を配布し，その場で回収した。調査は無記名式であり，回答は任意であること，回答を拒否したり中断したりすることができること，回答を拒否したり中断しても調査協力者に不利益は生じないことなどを紙面に明記し，口頭でも伝えた。なお，調査は筑波大学の研究倫理審査委員会の承認を得た上で実施された（課題番号：22-378）。

調査内容 1．自己変容に対する志向性項目：【研究2】の結果から得られた自己変容に対する志向性の11カテゴリについて，著者が一つのカテゴリにつき8-10項目を作成した。作成した項目が各カテゴリを表す項目として妥当かどうかについて，心理学を専攻とする大学院生8名を対象に以下の調査を行った。"あなたは以下の項目がそれぞれのカテゴリを測定する項目として妥当だと思いますか。カテゴリの定義を参考にして，それぞれの項目の1から5に一つだけ○を付けて下さい"という教示のもと，1．まったく妥当でない-5．非常に妥当であるの5件法で回答を求めた。カテゴリの定義はTable 5-1-1に示されたものと同一であった。その結果，平均得点が3.50以上であった項目を，自己変容に対する志向性項目として採用した。さらに，青年心理学を専門とする大学教員1名に項目内容の確認を求め，内容的妥当性を確認した。以上の手続きを経て，最終的に1カテゴリにつき7-8項目からなる計80項目の自己変容に対する志向性項目を作成した。作成した項目について，"現在のあなたにどの程度あてはまりますか"という教示のもと，1．まったくあてはまらない-5．とてもよくあてはまるの5件法で回答を

求めた。

　2．同一性地位判定尺度：加藤（1983）で作成された12項目を使用した。"将来の自己投入希求"，"現在の自己投入"，"過去の危機"の三つの下位尺度から構成されている。"現在のあなたにどの程度あてはまりますか"という教示のもと，加藤（1983）に従って，1．全然そうではない−6．まったくそのとおりだの6件法で回答を求めた。本研究では，関与と危機の2得点について高群と低群を組み合わせることによって，操作的に4つのアイデンティティ地位を判定するBalistreri, Busch-Rossnagel, & Geisinger（1995）の判定方法に基づいて，"達成地位"，"フォークロージャー地位"，"モラトリアム地位"，"拡散地位"の4地位に分類した。

　3．デモグラフィック変数：所属，学年，年齢，性別を尋ねた。

結果

自己変容に対する志向性項目の因子分析　自己変容に対する志向性80項目について，最尤法による因子分析を行った。固有値1.0以上を基準に因子を抽出したところ，13因子が抽出された。そこで，因子数を13から順に減らしながら，最尤法・プロマックス回転による因子分析を続けた結果，因子の解釈可能性から9因子が最適解であると判断した。【研究2】で得られた11カテゴリのうち，A部分変容志向，B向上志向の項目と，E享楽志向，"K変容追求志向"の項目がそれぞれ同じ因子に集約された。9因子での説明可能な分散の総和の割合は，60.4%であった。

　続いて，後続の調査で他の指標とのバッテリーを組む上で，自己変容に対する志向性の項目数の多さと項目内容の類似性がもたらす回答者への負担を軽減するために，項目の選定を行った。各因子から，因子負荷量が高いことと項目表現が重複していないことを基準として4項目ずつ選定し，計36項目の自己変容に対する志向性項目について，再度最尤法・プロマックス回転による因子分析を行った。その結果，因子の解釈可能性から9因子が最適解であると判断し，80項目の場合と同様の因子構造が得られた[3]。得られた因子

パターンを Table 5-2-1 に示す[4]。9因子での説明可能な分散の総和の割合は，65.9%であった。各因子は以下のように解釈された。

　第1因子は，G 懐古志向の項目である"今の自分を以前のような自分に変えたい"などが高い負荷量を示したため，"懐古志向"と命名した。第2因子は，K 変容追求志向の項目である"いつも変化していたい"などが高い負荷量を示し，K 変容追求志向の項目の因子負荷量が高いことも考慮し，"変容追求志向"と命名した。第3因子は，F 一新志向の項目である"以前から成長していない自分を変えたいと思う"などが高い負荷量を示したため，"一新志向"と命名した。第4因子は，A 部分変容志向の項目である"自分の悪いところを直したい"や，B 向上志向の項目である"自分をもっと良くしていけるように自分を変えたい"などが高い負荷量を示した。そのため，第4因子は今の自分を改善したいという志向性であると判断し，"改善志向"と命名した。第5因子は，I 憧憬志向の項目である"自分があこがれている人を見本にして自分を変えたい"などが高い負荷量を示したため，"憧憬志向"と命名した。第6因子は，H 確立志向の項目である"真の自分に出会えるように変わりたい"などが高い負荷量を示したため，"確立志向"と命名した。第7因子は，J 模倣志向の項目である"周りにいる人に合わせて自分を変えたい"などが高い負荷量を示したため，"模倣志向"と命名した。第8因子は，C 全面変容志向の項目である"自分という人間をガラリと変えたいと思う"などが高い負荷量を示したため，"全面変容志向"と命名した。第9因子は，D 展望志向の項目である"将来のことを考えると，この

3　確認的因子分析を行ったところ，適合度は，$\chi^2=1155.74$，$df=558$，GFI = .83，AGFI = .80，CFI = .92，RMSEA = .06となった。36個の観測変数が存在しており適合度の値は必然的に低くなるため，値がやや十分でないことはモデルを棄却する理由にならないものと判断した（豊田，1998）。

4　自己変容に対する志向性80項目の因子分析によって得られた9得点の平均値と，各因子から4項目ずつ選別した場合の9得点の平均値の差は，すべて絶対値0.20以下であり，相関係数を算出したところ，$r=.91$から.98（全て$p<.001$）となった。そこで，各因子4項目ずつの計36項目によって自己変容に対する志向性を測定することが可能であると判断し，以降の分析は36項目を使用した。

Table 5-2-1 自己変容に対する志向性項目（36項目）の探索的因子分析

		F1	F2	F3	F4	F5	F6	F7	F8	F9	h^2
	懐古志向（$a=.91$）										
G68	今の自分を以前のような自分に変えたい。	**.91**	-.05	.00	-.10	.00	.02	.02	.10	-.03	.90
G67	以前の自分に戻れるように自分を変えたい。	**.88**	.03	.01	.01	.02	.03	-.04	.09	-.08	.83
G10	今の自分を変えて，昔の自分のようになりたい。	**.80**	-.03	.00	.05	-.02	-.06	.03	-.02	.02	.62
G6	今の自分を変えて，以前の自分を取り戻したいと思う。	**.79**	.06	-.03	.03	-.03	.01	.00	-.16	.12	.60
	変容追求志向（$a=.87$）										
K42	いつも変化していたい。	.04	**.88**	.10	-.07	-.01	-.04	.01	.03	.01	.83
K58	変わり続ける自分でいたい。	.05	**.83**	.01	.00	.06	-.05	.07	.00	.05	.77
E16	変化自体が楽しいので自分を変え続けたい。	-.14	**.72**	-.08	.01	-.11	.08	.11	.02	.02	.59
E3	日々自分が変わっていないとつまらない。	.06	**.69**	-.01	.12	.05	.05	-.09	.00	-.10	.50
	一新志向（$a=.89$）										
F22	以前から成長していない自分を変えたいと思う。	.06	.02	**.84**	-.02	.02	.04	-.01	-.07	.05	.74
F20	いつまでも進歩のない自分を変えたい。	.05	-.01	**.81**	-.02	.02	.12	-.06	-.10	.06	.72
F46	昔と変わっていない自分をどうにかしたい。	-.06	.00	**.74**	.03	.02	-.01	.00	.13	-.03	.67
F51	過去と同じままの自分を変えなければと思う。	-.08	.00	**.70**	.13	-.08	-.10	.10	.12	-.01	.62
	改善志向（$a=.79$）										
A50	自分の悪いところを直したい。	.03	-.01	.15	**.80**	-.03	-.02	.03	-.12	-.06	.62
B39	自分をもっと良くしていけるように自分を変えたい。	.00	.02	-.04	**.67**	-.05	.01	.01	.03	.11	.53
B78	今よりももっと自分を高めていきたい。	-.09	.11	-.11	**.66**	.06	.06	-.13	-.02	.05	.49
A1	自分の中の嫌なところを変えたい。	.06	-.04	.09	**.61**	.12	-.02	-.04	.09	-.12	.43
	憧憬志向（$a=.86$）										
I5	自分があこがれている人を見本にして自分を変えたい。	-.04	.06	.02	.06	**.94**	-.10	-.09	-.01	-.07	.76
I9	理想としている人に合わせて自分を変えたい。	.01	.00	.01	-.10	**.76**	-.04	.10	.05	.03	.64
I63	少しでも尊敬している人に近い自分になりたい。	.01	-.05	.01	.05	**.72**	.08	.00	.03	.01	.61
I48	自分より優れた人を目標にして自分を変えたいと思う。	.01	-.05	-.05	.07	**.60**	.15	.11	-.07	.08	.54
	確立志向（$a=.88$）										
H80	真の自分に出会えるように変わりたい。	-.02	.04	.02	.01	.06	**.88**	-.07	.00	-.11	.75
H49	確かな自分をつかめるように変わりたい。	-.04	.00	.07	.01	-.07	**.79**	-.03	.01	.05	.66
H59	確かな自分を見つけられるように今の自分を変えたい。	.00	.12	.00	-.03	.06	**.76**	-.04	-.06	.11	.71
H37	自分を変えて，真の自分になりたい。	.07	-.12	-.05	.05	-.06	**.68**	.17	.14	-.06	.57
	模倣志向（$a=.83$）										
J28	周りにいる人に合わせて自分を変えたい。	.02	.01	.03	-.07	.01	.05	**.90**	-.14	-.08	.73

Table 5-2-1 続き

		F1	F2	F3	F4	F5	F6	F7	F8	F9	h^2
J86	周りに合わせながら変わっていきたい。	.08	.06	.00	-.03	-.03	-.10	**.78**	.01	-.04	.62
J30	身近な人のまねをすることで自分を変えたい。	-.06	.08	-.08	.06	-.01	.04	**.70**	.11	-.05	.59
J26	自分の近くにいる人のようになりたい。	-.06	-.08	.09	-.06	.19	.00	**.55**	.02	.15	.52
全面変容志向 (a =.88)											
C47	自分という人間をガラリと変えたいと思う。	-.02	-.02	.06	-.02	.00	.01	-.10	**.94**	-.03	.81
C52	今とはまったく別の自分に変わりたい。	.03	.09	-.05	-.12	.03	.03	-.05	**.81**	.05	.70
C31	生まれ変わったと思えるくらい自分を変えたい。	.05	.00	-.04	.21	-.06	.03	.10	**.68**	.00	.65
C40	自分を全面的に変えたい。	-.06	-.01	.07	-.04	.04	-.01	.06	**.66**	.08	.57
展望志向 (a =.89)											
D43	将来のことを考えると,このままの自分ではいけないと思う。	.03	.02	-.02	.01	.09	-.11	-.08	.02	**.90**	.76
D70	将来のために,今の自分を変える必要がある。	.05	.01	.00	.17	-.01	-.01	.03	-.06	**.79**	.75
D44	将来も今の自分のままであり続けるわけにはいかないと思う。	-.05	-.01	.14	-.20	.05	.00	-.08	.09	**.73**	.60
D75	これからのことを考えると,今の自分を変えなければと思う。	.03	-.07	.03	.29	-.08	.02	.09	.04	**.62**	.74

因子間相関	F1	F2	F3	F4	F5	F6	F7	F8	F9
F1懐古志向									
F2変容追求志向	.22								
F3一新志向	.10	.21							
F4改善志向	.01	.12	.50						
F5憧憬志向	.13	.19	.41	.40					
F6確立志向	.25	.42	.52	.45	.44				
F7模倣志向	.29	.41	.34	.13	.43	.34			
F8全面変容志向	.33	.47	.57	.29	.39	.56	.54		
F9展望志向	.07	.19	.66	.63	.37	.50	.25	.42	

注1) 因子負荷量が.40以上のものを太字で示した。
注2) 項目番号の前のアルファベットは,【研究2】で得られたカテゴリを表す。
 A:部分変容志向, B:向上志向, C:全面変容志向, D:展望志向, E:享楽志向,
 F:一新志向, G:懐古志向, H:確立志向, I:憧憬志向, J:模倣志向, K:変容追求志向

ままの自分ではいけないと思う"などが高い負荷量を示したため,"展望志向"と命名した。

 各因子に.40以上の負荷量を示した項目を加算した場合のa係数を算出したところ.79から.91となり,いずれにおいても十分な内的一貫性が確認され

Table 5-2-2 アイデンティティ地位を要因とした自己変容に対する志向性の各得点の一要因分散分析

	達成地位(A)	フォークロージャー地位(F)	モラトリアム地位(M)	拡散地位(D)	F値 $df=3,300$	η^2	多重比較
人数	69 (22.7%)	83 (27.3%)	81 (26.6%)	71 (23.4%)			
懐古志向	2.09 (1.10)	2.20 (0.83)	2.24 (0.96)	2.25 (0.89)	0.43	.00	n.s.
変容追求志向	2.55 (1.02)	2.30 (0.85)	2.44 (0.82)	2.33 (0.93)	1.21	.01	n.s.
一新志向	3.43 (1.01)	3.05 (0.95)	3.85 (0.87)	3.29 (0.85)	10.93***	.10	A,F,D<M
改善志向	4.46 (0.59)	4.19 (0.52)	4.34 (0.65)	4.04 (0.58)	7.01**	.07	D<A,M; F<A
憧憬志向	3.40 (1.06)	3.11 (0.91)	3.53 (0.91)	3.09 (0.94)	4.10**	.04	F,D<M
確立志向	3.37 (1.06)	2.79 (0.81)	3.34 (0.98)	2.77 (0.90)	9.39***	.09	F,D<A,M
模倣志向	2.13 (0.78)	2.04 (0.73)	2.52 (0.89)	2.37 (0.77)	6.15***	.06	A,F<M; F<D
全面変容志向	2.33 (0.99)	2.01 (0.77)	2.90 (1.03)	2.19 (0.87)	14.24***	.12	A,F,D<M
展望志向	4.06 (0.80)	3.55 (0.83)	4.09 (0.82)	3.60 (0.83)	9.42***	.09	F,D<A,M

注) **$p<.01$, ***$p<.001$

た。そこで，各因子に.40以上の負荷量を示した項目の得点の平均値を算出し，得点化の手続きを行った。

アイデンティティ地位による自己変容に対する志向性の各得点の比較 次に，アイデンティティ地位による自己変容に対する志向性の各得点を比較するために，アイデンティティ地位の4群を要因とした一要因分散分析を行った。その結果，有意差が見られたのは，一新志向，改善志向，憧憬志向，確立志向，模倣志向，全面変容志向，展望志向であった。TukeyのHSD法（5％水準）による多重比較の結果を併せてTable 5-2-2に示す。

考察

自己変容に対する志向性の諸側面 自己変容に対する志向性の諸側面は，【研究2】では11カテゴリに分類されたが，自己変容に対する志向性項目の因子分析の結果，9因子が抽出された。今の自分を改善したいという気持ちである改善志向は，【研究2】で得られたA部分変容志向とB向上志向のカテゴリから構成されていた。中間（2007）では，嫌な自分を変えたいという否定性変容志向と，理想の自分になりたいという理想自己志向の間には高い相関（$r=.54$, $p<.01$）が得られているため，これらが一つの改善志向として

結合したことは妥当な結果であろう。

　今の自分を変え続けていないとつまらないという気持ちである変容追求志向は，【研究2】で得られたK変容追求志向とE享楽志向のカテゴリから構成されていた。宮原（1999）で論じられている"変わってみたい"という自己変容そのものを追求する姿勢は，自己変容の楽しさを追求する姿勢であるとも考えられ，いろいろな自分に変容することを楽しもうとする気持ちと直結すると解釈できる。

　自己変容に対する志向性の各得点のうち最も平均値が上位にあるものは改善志向得点（$M=4.26$）であり，今の自分の否定性を克服し，さらに向上させていきたいという気持ちは，多くの大学生が持っていることが示唆された。また，最も平均値が下位にあるものは懐古志向得点（$M=2.20$）であり，過去の自分を取り戻したいという気持ちは大学生には，あまり見られないことが推察された。過去の良かったときの自分はあまり継時的比較の対象として選択されないこと（吉川・久保，1991）や，過去志向的な青年は比較的少ないこと（都筑，1984）からも，妥当な結果であると考えられる。

　自己変容に対する志向性の諸側面とアイデンティティ地位の関連　自己変容に対する志向性の各得点は，全体的に達成地位とモラトリアム地位で高く，フォークロージャー地位と拡散地位で低かった。達成地位とモラトリアム地位では，危機の経験得点が高いことが共通している。水間（2003）が，嫌な自分を変えたいという気持ちと，内省の機会の多さの間に有意な正の関連を示していることから，自分の生き方に悩み，やりたいことなどを模索する経験が，自分を変えたいという気持ちと関連していることが考えられる。

　外山・平出（1995）では，アイデンティティ拡散の状態にあった大学生が，自分を変えたい気持ちを強く持っていた事例が報告されているが，本研究の結果では，拡散地位において自己変容に対する志向性が有意に高くなることはなかった。これは，アイデンティティ地位の判定の仕方に大きな原因があると推察される。外山・平出（1995）は，事例の大学生が起こした様々

な行動を"アクティングアウト"として取り上げているが,アイデンティティ形成の観点から見れば,それらの行動は"役割実験"の試みであると解釈することが可能である。役割実験はモラトリアム地位の特徴とされているため(Marcia, 1966),そのように解釈をするならば,知見の不一致は理解可能なものとなる。

次に,達成地位とモラトリアム地位における自己変容に対する志向性の相違点について述べる。モラトリアム地位は達成地位よりも,一新志向得点,全面変容志向得点が有意に高かった。先行研究において,モラトリアム地位は,未来志向的ではあるものの,達成地位よりも過去・現在・未来の統合度が低いこと(都筑,1993),自己の否定的な側面についての記述が多く,やりたいことを脈絡もなくあげる傾向が強いこと(川畑・今林,2003),数多くの可能自己が統合されず,ネガティブな可能自己の数が多いこと(Dunkel, 2000)などが示されている。そのために,今の自分をさらに向上させていくよりも,とにかくこれまでの否定的な自分を全面的に変えたいという気持ちが強くなるのではないかと考えられる。これは,田中(2011)の自分が変わる必要性について否定的な理由を挙げる者は,肯定的な理由を挙げる者よりも自己肯定感が低いという結果とも整合している。また,達成地位はモラトリアム地位よりも,模倣志向得点が有意に低かった。これは,達成地位は自分のあり方についての悩みを自分自身で解決し,それに基づいて行動している状態であり(無藤,1979),他者に同調するのではなく,独自の固有な自己の形成に重きを置く自律的なアイデンティティ形成を歩んでいる(Adams, Ryan, Hoffman, Dobson, & Nielsen, 1984; 石谷,1994)ためであろう。以上のように,モラトリアム地位と達成地位は,いずれも自己変容に対する志向性を比較的強く持っているものの,自己肯定的かどうかという点や,自律的かどうかという点で様相が異なることが示唆された。

続いて,自己変容に対する志向性の得点が全体的に低かったフォークロージャー地位と拡散地位について考察を行う。フォークロージャー地位は,従

来，親の生き方を無批判に自分のものとして受け入れ，現在の自分のあり方などに疑問を抱かないこと（Marcia, 1966）や，一貫性を重視し，新たな経験に開かれていないこと（Stephen, Fraser, & Marcia, 1992）が特徴であるとされてきた。本研究の結果からも，フォークロージャー地位は他の地位と比べて，自己の変容を望むことが少なく，現在の自分を維持しようとすることが確認された。フォークロージャー地位は，危機の得点が低く，すでに特定の事柄に関与しているという特徴からも，敢えて今の自分を変える必要性を感じていないと推察される。一方で，唯一模倣志向で，拡散地位がフォークロージャー地位の得点を上回ったが，アイデンティティが拡散している者は他者視点の影響を受けやすいため（荒井，2001；金子，1995），自己変容志向を持つとしても他者視点の外発的なものであることが考えられる。また，拡散地位は危機を経験しておらず，未来について否定的なイメージを持っている（都筑，1993；1994）ため，自分のあり方を考える機会が少なく，自分が変わっていくイメージを持ちにくいことが推察される。

第3節　自己変容に対する志向性の諸側面と自尊感情の関連【研究4】

目的

本研究の目的は，大学生における自己変容に対する志向性の諸側面について自尊感情との関連から明らかにすることである。

方法

調査協力者　関東地方の1校の国立大学と2校の私立大学に在籍している大学生264名（男性95名，女性169名；平均年齢20.28歳，$SD = 2.48$）であった。

実施手続きと倫理的配慮　調査は，2011年9月-10月に行われた。大学の講義の前後を利用して，調査協力者に一斉に質問紙を配布し，その場で回収した。調査は無記名式であり，回答は任意であること，回答を拒否したり中

断したりすることができること，回答を拒否したり中断しても調査協力者に不利益は生じないことなどを紙面に明記し，口頭でも伝えた。なお，調査は筑波大学の研究倫理審査委員会の承認を得た上で実施された（課題番号：23-2）。

調査内容　1．自己変容に対する志向性項目：【研究3】で選定した36項目を使用した。【研究3】と同様の5件法で回答を求めた。

2．自尊感情尺度：山本他（1982）によって作成された尺度である。【研究1】と同様の9項目を使用し，5件法で回答を求めた。

3．デモグラフィック変数：所属，学年，年齢，性別を尋ねた。

結果

自己変容に対する志向性項目の因子分析　自己変容に対する志向性36項目について，最尤法・プロマックス回転による因子分析を行った。因子の解釈可能性から，【研究3】における自己変容に対する志向性項目の因子分析の結果と同様の9因子が最適解であると判断した。9因子での説明可能な分散の総和の割合は，61.8％であった。各因子には，【研究3】の自己変容に対する志向性項目の因子名に合わせて同一の因子名を当てた。各因子に.40以上の負荷量を示している項目を加算した場合のα係数を算出したところ，.76から.90となり，十分な内的一貫性が確認された。そこで，各因子に.40以上の負荷量を示している項目の平均値を算出し，得点化の手続きを行った。負荷量が.40未満となった項目は，確立志向の"確かな自分をつかめるように変わりたい"（負荷量.33）と模倣志向の"自分の近くにいる人のようになりたい"（負荷量.28）の2項目であった。

自己変容に対する志向性の各得点と自尊感情得点の相関分析　自己変容に対する志向性の各得点と自尊感情得点の関連を検討するために，両者の相関係数を算出した（Table 5-3-1）。その結果，変容追求志向以外は，すべて負の相関を示した。自己変容に対する志向性の各得点の因子間相関の高さが自尊感情得点との相関係数に影響を与えている可能性を取り除き，各得点と自

Table 5-3-1 自己変容に対する志向性と自尊感情の関連

	相関係数	偏相関係数
懐古志向	−.25***	−.10
変容追求志向	.10	.25***
一新志向	−.48***	−.21**
改善志向	−.08	.01
憧憬志向	−.14*	.00
確立志向	−.18**	.07
模倣志向	−.22***	−.04
全面変容志向	−.42***	−.29***
展望志向	−.36***	−.14*

注1) *$p<.05$, **$p<.01$, ***$p<.001$
注2) 偏相関係数は，自己変容に対する志向性の各得点を統制して算出した。

尊感情得点の関連をより限定的にするため，自己変容に対する志向性の各得点を統制して偏相関係数を算出した。その結果，自尊感情得点との偏相関係数が有意であったのは，変容追求志向，一新志向，全面変容志向，展望志向であった。

考察

自己変容に対する志向性の諸側面と自尊感情の関連　自己変容に対する志向性項目の因子分析結果から，異なるサンプルにおいても【研究3】と同様の9因子が得られたため，この9因子は安定した構造であることが確認された。

　自己変容に対する志向性のほとんどの得点が自尊感情と負の相関係数を示したことから，全体的に自己変容に対する志向性は自尊感情の低さと関連することが窺える[5]。自分の価値が見出せないことや，自分に満足できていないことが，今の自分を変えたいという思いを強めていることが示された。これは，パーソナリティの変容を求める者ほど心理的適応の得点が低いという

---

[5] 自己変容に対する志向性項目の因子分析の結果，因子負荷量が.40以上となった34項目の合計得点（$M=3.20$, $SD=0.54$; $α=.91$）と，自尊感情得点との相関係数を算出した結果，$r=-.39$（$p<.001$）となった。そのため，全体的に見ても自己変容に対する志向性は，自尊感情と負の関連があることが示された。

第5章 青年期における自己変容に対する志向性の諸側面　57

先行研究（Hudson & Fraley, 2016a; Hudson & Roberts, 2014）と同様の結果であった。

　次に，自己変容に対する志向性の各得点と自尊感情得点の偏相関分析の結果について考察を行う。自己変容に対する志向性の側面ごとに自尊感情との関連に違いが見られ，Kiecolt & Mabry（2000）の指摘通り，自尊感情の観点から自己変容に対する志向性の諸側面を検討することの有効性が示された。有意水準5％の負の偏相関係数を示したのは，一新志向，全面変容志向，展望志向であった。"展望志向"は，現在の自己が将来も継続していくことを回避しようとする気持ちであり，現在の自己を肯定できていないことが原因となって生じることが考えられる。

　一新志向と全面変容志向は特に偏相関係数が大きかった。一新志向については，過去から進歩が感じられないことは，現在の自己を肯定することには結びつかないことが推察されるために，自尊感情と負の関連が示されたと解釈できる。全面変容志向については，自尊感情は，特定の領域を含まない全体的自己についての評価である（溝上, 1999）ため，全体的な自己に対して否定的に評価していることから，自分を全面的に変えたいという気持ちが生じていると考えられる。

　一方，自尊感情得点と唯一有意な正の相関を示したのは変容追求志向であった。つまり，現在の自分を肯定していることが，継続的な自己変容を求める気持ちと関連していることが示された。宮原（1999）は，自己変容そのものを追求する気持ちである"変わりたい願望"は，現在の自分を捨ててしまうわけではないため，しばしばゆとりのある願望であることを論じている。したがって，自分を変え続けていたいという気持ちは，ある程度現在の自分に肯定的であるからこそ生じるのであろう。また，変容追求志向は，中核となる自分を残しつつ，表面的な自己変容を楽しむような心性とも考えられるため，自己に対する肯定的評価がなされている可能性も考えられる。

　以上から，進歩のない自分を全面的に変えたいという気持ちと，自分を変

え続けていないとつまらないという気持ちは，どちらも自己変容に対する志向性の側面であるが，両者の心理的適応状態には大きな相違が見られることが明らかにされた。

第4節　自己変容に対する志向性の諸側面の 学校段階による比較【研究5】

目的

　本研究の目的は，自己変容に対する志向性の諸側面に関して，学校段階による比較から発達的変化を明らかにすることである。

方法

調査手続きと倫理的配慮

　調査は，2011年9-10月に行われた。授業やホームルームの前後を利用して，調査協力者に一斉に質問紙を配布し，その場で回収した。調査は無記名式であり，回答は任意であること，回答を拒否したり中断したりすることができること，回答を拒否したり中断しても調査協力者に不利益は生じないことなどを紙面に明記し，口頭でも伝えた。なお，調査は筑波大学の研究倫理審査委員会の承認を得た上で実施された（課題番号：23-2）。

　調査協力者　関東地方の1校の公立中学校に在籍している中学1-3年生353名（男性178名，女性174名，不明1名；平均年齢13.47歳，$SD=1.19$），関東地方の1校の公立高校に在籍している高校1-2年生375名（男性185名，女性187名，不明3名；平均年齢15.92歳，$SD=1.35$），関東地方の1校の国立大学，2校の私立大学，近畿地方の1校の国立大学，1校の私立大学に在籍している大学1-4年生400名（男性156名，女性242名，不明2名；平均年齢20.35歳，$SD=2.12$）の計1128名（男性519名，女性603名，不明6名；平均年齢16.72歳，$SD=3.29$）であった。

　調査対象の高校は，大学・短期大学への進学率が66.2％，専門学校への進学率が17.5％，就職率が5.1％，浪人・在宅が11.1％の中堅校であった。ベ

ネッセが公開している調査対象の大学偏差値は，高い順に68, 61, 59, 44, 43であった。そのため，各学校段階において一般的なサンプルが抽出されていると判断し，三つの学校段階の比較による知見の一般化は可能であると判断した。

調査内容

自己変容に対する志向性の諸側面　1．自己変容に対する志向性：【研究3】において作成されたもののうち，変容追求志向を除く8下位尺度32項目を使用した。【研究3】と同様の5件法で回答を求めた。変容追求志向は，【研究2】で得られた自己変容を志向する理由の大カテゴリにおいて，"その他"として分類されている変数であるため，本研究では除外した。

　2．デモグラフィック変数：所属，学年，年齢，性別を尋ねた。

結果

因子構造の不変性の確認　自己変容に対する志向性項目は，【研究4】の分析結果に基づいて，30項目を使用した。因子ごとに α 係数を算出した結果，.74-.89となり，いずれにおいても一定の内的一貫性が示された。また，学校段階ごとに α 係数を算出した結果，中学生で.74-.88，高校生で.76-.91，大学生で.73-.90となり，どの学校段階においても内的一貫性に問題がないことが確認された。

　次に，自己変容に対する志向性の諸側面に関して学校段階間で同一の因子構造が成立しているかを確認するため，全データを用いて多母集団同時分析による配置不変モデルの確認的因子分析を行った（Table 5-4-1）。また，因子構造のみが不変であるかどうかを検証するため，弱測定不変モデル，強測定不変モデルとの比較も行った。弱測定不変モデルでは，因子間相関と因子負荷量に等値制約を施し，強測定不変モデルでは，因子間相関，因子負荷量，観測変数の誤差分散に等値制約を施した。モデル比較に使用されるAIC指標は，弱測定不変モデルで最も低く，三つのモデルのうち最もあてはまりが良いことが示された（Table 5-4-2）。いずれのモデルのGFIや

AGFIの値が必ずしも十分とはいえないが，これはモデルの観測変数の多さに起因すると考えられる。一方，観測変数の多さに影響を受けないRMSEAは.05を下回っており，モデルの適合は十分であると判断した。ここから，中学生，高校生，大学生のいずれの学校段階においても，自己変容に対する志向性の8因子構造は同様に仮定できることが明らかになった。そこで，各因子で得点の加算平均を算出し，得点化の手続きを行った。

学校段階による得点の比較　学校段階ごとに得点を比較するため，中学生，高校生，大学生の三つの学校段階を要因とした一要因分散分析を行った。その結果，懐古志向，一新志向，改善志向，全面変容志向，展望志向で有意差が見られた。有意水準5％のTukey法による多重比較の結果を併せて，Table 5-4-3に示した。

2次元平面上のプロットによる発達的変化の把握　分散分析によって学校段階間で有意差が示された得点の発達的変化を把握するために，主成分負荷量を2次元平面上にプロットすることを試みた。分析は小浜（2012）を参考にした。まず，全データを合わせて，懐古志向得点，一新志向得点，改善志向得点，全面変容志向得点，展望志向得点について，二つの軸を抽出するため，2成分を設定して主成分分析を行った。その結果，第1主成分上にほとんどの得点が高い負荷量を示した。自己変容に対する志向性の諸側面は，どの因子も"今の自分を変えたい"という気持ちを測定している点では共通しているため，第1主成分に負荷量がまとまることは妥当であると考えられる。本研究における主成分分析の目的は，分散分析によって得られた学校段階ごとの差異に関して，視覚的に把握することであり，第1主成分負荷量を2次元平面上にプロットした場合，変数が一部分に集合してしまい，特徴を十分に把握することが困難であることが懸念された。そのため，3成分を設定したうえで，再度主成分分析を行った（Table 5-4-4）。そして，第2主成分の成分負荷量を横軸，第3主成分の成分負荷量を縦軸として2次元平面上にプロットした（Figure 5-4-1）。横軸では，懐古志向の得点が最も高く，改

Table 5-4-1　自己変容に対する志向性項目の確認的因子分析(弱測定不変モデル)

	中	高	大
F1 懐古志向 ($a = .89: .82 / .91 / .90$)			
懐古1: 今の自分を以前のような自分に変えたい。	.80	.88	.87
懐古2: 以前の自分に戻れるように自分を変えたい。	.74	.76	.76
懐古3: 今の自分を変えて，昔の自分のようになりたい。	.79	.80	.85
懐古4: 今の自分を変えて，以前の自分を取り戻したいと思う。	.78	.86	.85
F2 一新志向 ($a = .83: .77 / .83 / .88$)			
一新1: 以前から成長していない自分を変えたいと思う。	.66	.72	.77
一新2: いつまでも進歩のない自分を変えたい。	.71	.80	.80
一新3: 昔と変わっていない自分をどうにかしたい。	.76	.80	.83
一新4: 過去と同じままの自分を変えなければと思う。	.69	.70	.72
F3 改善志向 ($a = .77: .76 / .77 / .75$)			
改善1: 自分の悪いところを直したい。	.62	.72	.71
改善2: 自分をもっと良くしていけるように自分を変えたい。	.60	.64	.68
改善3: 今よりももっと自分を高めていきたい。	.54	.63	.67
改善4: 自分の中の嫌なところを変えたい。	.64	.74	.76
F4 憧憬志向 ($a = .83: .83 / .81 / .86$)			
憧憬1: 自分があこがれている人を見本にして自分を変えたい。	.80	.82	.85
憧憬2: 理想としている人に合わせて自分を変えたい。	.70	.69	.74
憧憬3: 少しでも尊敬している人に近い自分になりたい。	.78	.76	.82
憧憬4: 自分より優れた人を目標にして自分を変えたいと思う。	.66	.70	.70
F5 確立志向 ($a = .81: .79 / .85 / .81$)			
確立1: 真の自分に出会えるように変わりたい。	.81	.85	.84
確立2: 確かな自分を見つけられるように今の自分を変えたい。	.67	.73	.72
確立3: 自分を変えて，真の自分になりたい。	.77	.81	.81
F6 模倣志向 ($a = .74: .74 / .76 / .73$)			
模倣1: 周りにいる人に合わせて自分を変えたい。	.72	.72	.76
模倣2: 周りに合わせながら変わっていきたい。	.76	.83	.79
模倣3: 身近な人のまねをすることで自分を変えたい。	.60	.63	.59
F7 全面変容志向 ($a = .88: .88 / .88 / .88$)			
全面1: 自分という人間をガラリと変えたいと思う。	.83	.84	.84
全面2: 今とはまったく別の自分に変わりたい。	.74	.75	.75
全面3: 生まれ変わったと思えるくらい自分を変えたい。	.78	.77	.83
全面4: 自分を全面的に変えたい。	.82	.83	.83
F8 展望志向 ($a = .84: .82 / .86 / .84$)			
展望1: 将来のことを考えると，このままの自分ではいけないと思う。	.81	.88	.87
展望2: 将来のために，今の自分を変える必要がある。	.64	.73	.76
展望3: 将来も今の自分のままであり続けるわけにはいかないと思う。	.62	.66	.66
展望4: これからのことを考えると，今の自分を変えなければと思う。	.78	.86	.86

注1) 各項目の前にある語句は，研究3で抽出された因子名を意味する。
注2) a 係数は，全体：中学生／高校生／大学生の順で並んでいる。
注3) 中：中学生，高：高校生，大：大学生

Table 5-4-2 多母集団同時分析におけるモデル適合度

	χ^2	df	GFI	AGFI	CFI	RMSEA	AIC
配置不変モデル	2672.01***	1131	.86	.82	.91	.04	3200.01
弱測定不変モデル	2897.68***	1247	.85	.83	.91	.03	3193.68
強測定不変モデル	3351.04***	1307	.82	.81	.88	.04	3527.04

注) ***$p<.001$

Table 5-4-3 学校段階を要因とした自己変容に対する志向性の各得点の一要因分散分析

	中学生 $n=353$		高校生 $n=375$		大学生 $n=400$		F 値 $df=2, 1127$	η^2	多重比較
F1 懐古志向	2.19	(0.83)	2.41	(0.99)	2.13	(0.89)	10.13***	.02	中, 大<高
F2 一新志向	3.18	(0.92)	3.41	(0.91)	3.31	(0.99)	5.69**	.01	中<高
F3 改善志向	4.06	(0.75)	4.33	(0.63)	4.40	(0.57)	28.11***	.05	中<高, 大
F4 憧憬志向	3.40	(0.98)	3.49	(0.91)	3.49	(0.94)	1.10	.00	
F5 確立志向	3.08	(1.02)	3.21	(1.00)	3.17	(0.97)	1.72	.00	
F6 模倣志向	2.34	(0.89)	2.22	(0.85)	2.30	(0.84)	2.05	.00	
F7 全面変容志向	2.67	(1.08)	2.81	(1.08)	2.48	(1.02)	9.32***	.02	大<中, 高
F8 展望志向	3.59	(0.94)	3.77	(0.88)	3.89	(0.81)	10.97***	.02	中<高, 大

注1) 中:中学生, 高:高校生, 大:大学生
注2) *$p<.05$, **$p<.01$, ***$p<.001$

Table 5-4-4 自己変容に対する志向性の各得点の主成分分析

	Ⅰ	Ⅱ	Ⅲ
F2 一新志向	.84	.03	−.15
F8 展望志向	.81	−.20	.04
F7 全面変容志向	.75	.19	−.48
F3 改善志向	.66	−.45	.50
F1 懐古志向	.33	.86	.38
固有値	2.48	1.02	0.64
寄与率（%）	49.52	69.97	82.80

注) Figure 5-4-1に使用した値を太字にした。

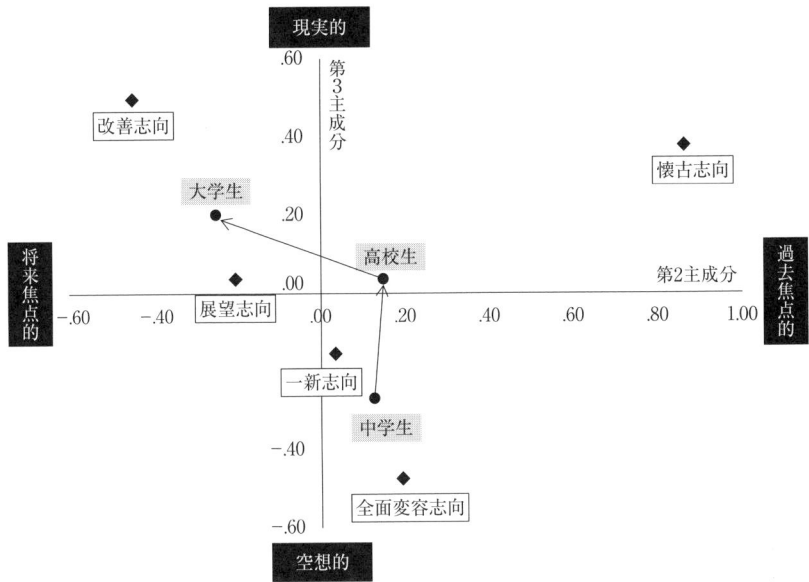

Figure 5-4-1 自己変容に対する志向性の各得点の主成分負荷量を2次元平面上にプロットした図

注）第2主成分負荷量を横軸，第3主成分負荷量を縦軸にプロットした。

善志向や展望志向の得点が低かった。そこで各得点の配置から，横軸は，自己変容に対する志向性の"将来焦点的-過去焦点的"な側面を表している軸であると解釈された。一方，縦軸では，改善志向や懐古志向の得点が高く，全面変容志向の得点が最も低かった。そこで各因子の配置から，縦軸は，自己変容に対する志向性の"現実的-空想的"の側面を表している軸であると解釈された。次に，回帰式による主成分得点を算出し，学校段階ごとに第2主成分得点と第3主成分得点を算出した。その結果，中学生では，第2主成分得点が0.13であり，第3主成分得点が-0.27であった。高校生では，第2主成分得点が0.15であり，第3主成分得点が0.04であった。大学生では，第2主成分得点が-0.25であり，第3主成分得点が0.20であった。以上の結果

を先述の図にプロットし，学校段階順に矢印で結んだ。

考察

自己変容に対する志向性の因子構造　自己変容に対する志向性の諸側面項目は，多母集団同時分析によって弱測定不変モデルが採用され，8側面は中学生，高校生，大学生で同様に仮定できることが示された。これによって，自己変容に対する志向性の発達は因子構造の変化よりも，因子間の関係や得点の推移に着目する必要があることが示唆された。

自己変容に対する志向性の発達　学校段階を要因とした一要因分散分析によって，五つの側面において得点の有意差が示された。加えて，その結果に基づいて2次元平面の図を作成したところ，自己変容に対する志向性の発達は，"将来焦点的-過去焦点的"という時間的焦点の軸と，"現実的-空想的"という現実性の軸の二つから捉えることが可能であることが示唆された。また，"将来焦点的-過去焦点的"，"空想的-現実的"の二つの軸はLewin (1951) の"時間的展望の拡大"と，"空想と現実の分化"と対応しており，青年期のおける自己変容に対する志向性は，時間的展望の発達に伴って変化することが示唆された。

学校段階による全体的な得点差　分散分析で有意差が見られた側面に着目すると，中学生では，全面変容志向を除けば，他の学校段階よりも得点が高くなることがなかった。そのため，全体的に見て中学生は，今の自分を変えたいという気持ちが比較的弱いことが示唆される。中間 (2007) は，自己変容を望むためには，現実の自己を客体化してとらえ，何らかの基準に照らし合わせることが前提となると指摘しており，中学生においては自分自身について十分に内省することができず (髙坂, 2009)，自分をある基準に照らし合わせて捉えることが難しいことが考えられる。また，高校生では，全体的に見て他の学校段階と比べて，自己変容に対する志向性の得点が高かった。自己変容に対する志向性は自尊感情と負の関連があることが示されており (Kiecolt & Mabry, 2000)，【研究4】においても同様の結果が確認されている。

青年期において高校生で自尊感情が低い（岡田・永井，1990；伊藤，2001）ことを踏まえるなら，妥当な結果であると考えられる。

時間的焦点の軸　有意差が示された側面に着目すると，高校生では懐古志向が中学生と大学生よりも高く，中学生に比べて一新志向が高かった。両者はどちらも過去焦点的な自己変容に対する志向性である。また，高校生と大学生においては，中学生と比べて将来焦点的な志向性である改善志向と展望志向が高かった。これらの結果は，年齢が上がるにつれて，将来や過去の自分を参照しながら変容を望むようになることを意味している。

加えて，2次元平面上のプロットにおいて，大学生の軸の得点は将来焦点の方向性へと傾いていた。都筑（1993）では，大学生の時間的展望は未来志向的であり，過去・現在・未来の関係を統合した上で，自らの将来目標に動機づけられることが示されており，本研究においても，大学生は将来の自分を見据えた自己変容を志向しやすいことが明らかになった。ここから，自己変容に対する志向性においても，現在次元を中心とした側面から，過去・未来次元へと参照点の拡大が生じ，さらにそれらを統合した上で自分の将来を考えて変容を望むという発達的変化が示唆された。

現実性の軸　分散分析の結果とプロット図から，学校段階が進むにつれて，自己変容に対する志向性は，空想的な側面から現実的な側面へと変化することが示された。"全面変容志向"は，今の自分を全部変えて，別の自分になりたいという気持ちであり，非現実的で空想的な変容を望んでいると考えられる。Vestraeten（1980）や飛永（2007）などが明らかにしているように，青年期において時間的展望は，空想的な内容から現実的な内容へと変化するが，青年期前期である中学生では，高校生や大学生と比べると，"現実と空想の分化"が十分に行われていないことが考えられる。

他者同調と自己確立に関する予測　一方で，自己変容に対する志向性は，他者同調的な側面から自己確立的な側面へと変化するという予測を支持する結果は示されなかった。すなわち，学校段階が上がるにつれて，憧憬志向や

模倣志向の得点が低くなり，確立志向の得点が高くなることはなかった。中でも，憧憬志向の得点は一貫して高く，あこがれの他者のように変わりたいという気持ちは青年期において強く保たれることが示唆された。得点の差異は示されなかったにせよ，自己確立やアイデンティティの形成にとって，他者の存在は極めて重要であることが指摘されているため，今後，憧憬志向や模倣志向の機能に関しては，十分に検討を行うべきであろう。加えて，憧れの他者や周囲の他者の様相は，年齢による違いが大きいと考えられ，その得点が意味する内容は，学校段階で異なることが予測される。そのため，有意差が示されなかった因子に関しても，得点が個々人にとってどのような意味を持つかを検討すべきであろう。

第5節　本章のまとめ

　本章の目的は，自己変容に対する志向性の諸側面について，個人差と発達的変化を検討することであった。【研究2】では，自己変容を志向する理由が探索的に検討され，自由記述から11カテゴリが抽出された。【研究2】に基づいて，【研究3】と【研究4】では実証的な調査が行われた。自己変容に対する志向性は，因子分析によって9側面が抽出された。それらは全体として，モラトリアム地位において得点が高く，自尊感情と負の相関にあることが示された。ここから，人格形成の途上にある青年の"今の自分を変えたい"という言葉には，自己を否定しながらもそこから主体的に自己を形成しようとする意識が表れていることが示唆された。さらに，全面変容志向や一新志向などは，自尊感情との負の関連が強く，側面ごとの違いも見受けられた。【研究5】では，学校段階ごとに比較が行われた。分析の結果，自己変容に対する志向性の諸側面は，"将来焦点的-過去焦点的"と"空想的-現実的"の2軸で整理され，学校段階が上がるにつれて，将来焦点的かつ現実的な方向へと変化することが示された。またそのような変化は，時間的展望の

拡大と分化に対応していることが示唆された。

　続く第6章では，自己変容に対する志向性に関して，理想自己の観点を含めて，アイデンティティ形成との関連を検討する。第5章では，あくまで"今の自分"を変えることについて，その理由や発達的変化を扱ってきたが，自己変容を望む際には，"今の自分"だけでなく，"変わった後の自分"に目を向けることも重要であろう。すなわち，どのような自分を目指すのかという理想自己を尋ねることで，自己変容に対する志向性についてより理解が深まると考えられる。また，【研究3】ではモラトリアム地位の者において志向性が強いことが示されたが，どのような志向性を持つことによって，アイデンティティ形成は促進されるのかということを明らかにする必要がある。

第6章 青年期における理想自己を伴う自己変容に対する志向性

第1節 理想自己を伴う自己変容に対する志向性とアイデンティティ形成の関連【研究6】

目的

　本研究の目的は，自己変容を志向する際に，理想自己が伴う者と伴わない者の相違に着目しながら，アイデンティティ形成との関連を明らかにすることである。

方法

　調査協力者　関東地方の2校の国立大学と2校の私立大学の大学1-4年生393名（男性187名，女性204名，不明2名；平均19.53歳, $SD=1.12$）であった。

　実施手続きと倫理的配慮　調査は，2014年6-7月に行われた。大学の講義の前後を利用して，調査協力者に一斉に質問紙を配布し，その場で回収した。調査は無記名であり，回答は任意であること，回答を拒否したり中断したりすることができること，回答を拒否したり中断しても調査協力者に不利益は生じないことなどを紙面に明記し，口頭でも伝えた。なお，調査は筑波大学の研究倫理審査委員会の承認を得た上で実施された（課題番号：筑25-158）。

　調査内容　1．現実自己の変容：水間（2004）や中間（2007）の理想自己志向性などを参考に項目を作成した。項目の内容は，(a)自己概念領域，(b)志向性，(c)イメージ，(d)計画性を尋ねるものとした（Table 6-1-1）。(a)自己概念領域：「あなたは，"どのような自分を変えたい"と思っていますか？

Table 6-1-1 現実自己の変容に関する項目

自己概念領域	・現在，私は"＿＿＿＿＿＿＿＿自分"を変えたいと思っています。
志向性	・"＿＿＿自分"から何としてでも変わりたい。 ・今の"＿＿＿自分"を改善できるように頑張りたい。 ・無理に"＿＿＿自分"を変えなくてもいいと思う。R ・"＿＿＿自分"から変わろうと，いつも思っている。 ・"＿＿＿自分"を変えるために，何かしたい。 ・どうすれば"＿＿＿自分"を変えられるか，考えている。 ・あえて今の"＿＿＿自分"から変わる必要はないような気がする。R ・"＿＿＿自分"ではいたくないと強く思う。
イメージ	・今の"＿＿＿自分"が変わった後の姿を，どのくらいイメージできますか？
計画性	・"＿＿＿自分"を変えるための，具体的な計画がありますか？

注) Rは逆転項目を意味する。

"＿＿＿な自分"，"＿＿＿する自分"などという形で，具体的に書いてください。自分の能力・性格・外見など，どんな内容でもかまいませんので，一つだけ書いてください。※たくさん思い浮かぶ人は，最も重要なものを書くか，一つにまとめてください。※変えたいと思っていない場合や思いつかない場合は，□に✓をつけてください。」と教示し，「現在，私は"＿＿＿自分"を変えたいと思っています。」という文章を設け，空欄に記入を求めた。その下に，"変えたいと思っていない"，"思いつかない"，"質問の意味が理解できない"のチェックリストを設けた。✓をつけた者には，志向性，イメージ，計画性の項目を飛ばすよう指示した。(b)志向性：「以下の項目は，【質問1】で書いた自分の内容に，どのくらいあてはまりますか？最もあてはまる数字を1-5から選んで，一つ○をつけてください。※ここでの"＿＿＿自分"とは，【質問1】で記入した自分のことです。」と教示し，「"＿＿＿自分"から何としてでも変わりたい。」などの項目に回答を求めた。選択肢は1．まったくあてはまらない-5．とてもよくあてはまるであった。(c)イメージ：「今の"＿＿＿自分"が変わった後の姿を，どのくらいイメージできますか？」と教示し，1．まったくイメージできない-5．

Table 6-1-2 理想自己への変容に関する項目

自己概念領域	・この先，私は "【質問1】で書いた内容　自分"を，"＿＿＿＿＿＿＿＿＿＿自分"に変えたいと思っています。
志向性	・今の自分から"＿＿＿自分"に何としてでも変わりたい。 ・今の自分を"＿＿＿自分"に改善できるように頑張りたい。 ・無理に今の自分を"＿＿＿自分"に変えなくてもいいと思う。R ・"＿＿＿自分"へと変わろうと，いつも思っている。 ・"＿＿＿自分"に変えるために，何かしたい。 ・どうすれば今の自分を"＿＿＿自分"に変えられるか，考えている。 ・あえて"＿＿＿自分"へと変わる必要はないような気がする。R ・"＿＿＿自分"でありたいと強く思う。
イメージ	・今の自分が"＿＿＿自分"になった姿を，どのくらいイメージできますか？
計画性	・今の自分を"＿＿＿自分"に変えるための，具体的な計画がありますか？

注）Rは逆転項目を意味する。

はっきりとイメージできるの選択肢を設け，回答を求めた。(d)計画性：「"＿＿＿自分"を変えるための，具体的な計画がありますか？」と教示し，1．まったく計画がない-5．はっきりした計画があるの選択肢を設け，回答を求めた。

2．理想自己への変容：1．現実自己の変容と同様に，(a)自己概念領域，(b)志向性，(c)イメージ，(d)計画性を尋ねるものとした（Table 6-1-2）。(a)自己概念領域：「あなたは，今の自分を，"どのような自分に変えたい"と思っていますか？"＿＿＿な自分"，"＿＿＿する自分"などという形で，具体的に書いてください。【質問1】で書いた内容に対応させる形で，一つだけ書いてください。※たくさん思い浮かぶ人は，最も重要なものを書くか，一つにまとめてください。※思いつかない場合は，□に✓をつけてください。」と教示し，「この先，私は"＿【質問1】で書いた内容＿自分"を，"＿＿＿自分"に変えたいと思っています。」という文章を設け，空欄に記入を求めた。その下に，"思いつかない"，"質問の意味が理解できない"のチェックリストを設けた。✓をつけた者には，志向性，イメージ，計画性の項目を飛ばすよう指示した。(b)志向性：「以下の項目は，【質問2】で書いた自分の内

容に，どのくらいあてはまりますか？最もあてはまる数字を1-5から選んで，一つ○をつけてください。※ここでの"＿＿＿自分"とは，【質問2】で記入した自分のことです。」と教示し，「今の自分から"＿＿＿自分"に何としてでも変わりたい。」などの項目に回答を求めた。選択肢は1．まったくあてはまらない-5．とてもよくあてはまるであった。(c)イメージ：「今の自分が"＿＿＿自分"になった姿を，どのくらいイメージできますか？」と教示し，1．まったくイメージできない-5．はっきりとイメージできるの選択肢を設け，回答を求めた。(d)計画性：「今の自分を"＿＿＿自分"に変えるための，具体的な計画がありますか？」と教示し，1．まったく計画がない-5．はっきりした計画があるの選択肢を設け，回答を求めた。以上の教示や項目は，現実自己と理想自己の対応関係に留意し，できる限りそれ以外の相違点が含まれないように作成した。

2．アイデンティティ形成：Luyckx et al. (2008) で作成され，中間・杉村・畑野・溝上・都筑（2015）によって翻訳された多次元アイデンティティ発達尺度（25項目，5件法，以下 DIDS と呼ぶ）を使用した。本来，DIDS は広い探求（項目例：自分が進もうとする人生にはどのようなものがあるか，すすんで考える。自分が追い求めることのできる色々な目標について考える。），深い探求（項目例：自分がすでに決めた人生の目的が本当に自分に合うのかどうか，考える。自分が進もうと決めた人生を他の人がどう思うのか，分かろうとしている。），反芻的探求（項目例：人生で本当にやりとげたいことは何か，はっきりしない。自分が将来をどうしたいのか，気がかりだ。），コミットメント形成（項目例：自分が将来何をやっていくのか，思い浮かべることができる。自分の進みたい人生がわかっている。），コミットメントとの同一化（項目例：私の将来計画は自分にとって正しいものに違いない。自分の進みたい人生は，自分に本当に合うものになると思う。）の五つの下位尺度から構成されている。本研究では Ritchie et al. (2013) に倣って，"適応的探求（広い探求，深い探求の合成変数）"，"反芻的探求"，"コミットメント（コミットメント形成，コミットメントとの同一化の合成変数）"の三つ

の変数を使用した。五つの下位尺度を使用すると分析結果が煩雑になること，合成変数として使用した下位尺度間の相関が高いこと[6]，探求とコミットメントを用いた検討はアイデンティティ研究の主流であり，反芻的探求にDIDSの特徴が表れていることなどを総合的に判断し，本研究においてはこれらの三つの変数による検討を行うこととした。

3．デモグラフィック変数：所属，学年，年齢，性別を尋ねた。

結果と考察

事前分析 各尺度の α 係数を算出したところ，現実自己の変容志向性で.80，理想自己への変容志向性で.86，適応的探求で.87，反芻的探求で.68，コミットメントで.92であり，一定の内的整合性が確認された。そのため，それぞれの変数で項目の加算平均を算出し，得点化を行った。イメージと計画性は，1項目であったため，そのまま分析に使用した。

次に，変容を志向する自己概念領域に関して，記述の分類を行った。得られた現実自己と理想自己の記述は，人見知りな自分（現実自己）を，社交性のある自分（理想自己）に変えたいなど，個人内で連続した内容であるため，現実自己と理想自己の記述を合わせて分類を行った。分類は，心理学を専攻する大学院生4名による協議の上で行われた。分類の基準として，同様の調査を行ったCrystal et al.（1995）で抽出されている7領域を用いた。"打たれ弱い"などの精神的な脆弱性を表す内容は，7領域のいずれにも当てはまらなかったため，"精神性"の領域として追加した。これら8領域のどの領域にも当てはまらない13件の記述は，分類から除外した（Table 6-1-3）。自己概念領域を要因とした分散分析を行った結果，全ての自己変容に関する得点において有意差は見られなかった。アイデンティティ形成に関しては，適応的探求（$F=0.78$, $df=7, 283$, $n.s.$, $\eta^2=.02$）とコミットメント（$F=1.39$, $df=7$,

---

[6] 合成変数として作成した変数間の相関は，Ritchie et al.（2013）では，広い探求と深い探求で$r=.70$, $p<.001$，コミットメント形成とコミットメントとの同一化で$r=.86$, $p<.001$であった。本研究の【研究6】では，順に$r=.68$, $p<.001$, $r=.80$, $p<.001$であった。

Table 6-1-3 変容を志向する自己概念領域の分類

変容を志向する 自己概念領域	記述例	記述数	（割合）
動機づけ・自己制御	やる気のない・怠けている	93	（30.0%）
生活上の管理	朝起きられない・遅刻する	58	（18.7%）
精神的脆弱性	打たれ弱い・メンタルが弱い	47	（15.2%）
社交性	人見知りな・会話が苦手な	46	（14.8%）
対人的調和	自分勝手な・わがままな	34	（11.0%）
個別性	自分らしさのない・個性が薄い	21	（6.8%）
達成・知識	勉強ができない・馬鹿な	9	（2.9%）
外見	太っている・筋肉がない	2	（0.6%）
合計		310	（100.0%）

284, n.s., $\eta^2=.03$）では有意な差が見られず，反芻的探求（$F=3.37, df=7, 285, p<.01, \eta^2=.08$）のみで有意差が見られた。多重比較の結果，対人的調和の領域よりも，動機づけ・自己制御，精神性，個別性の領域において，反芻的探求の得点が高いことが示された。本研究では，領域にかかわらず，自己変容を想起することの効果を把握することを主眼としているため，以降は領域を分けずに分析を行う。

回答の個人差による群分けと得点の比較　回答の個人差を基に群分けを行った（Table 6-1-4）。現実自己で"変えたいと思っていない"にチェックをつけた者をA群とした。現実自己で"思いつかない"にチェックをつけた者をB群とした。現実自己を記述し，理想自己で"思いつかない"にチェックをつけた者をC群とした。現実自己と理想自己の両方を記述した者をD群とした。以下，この手続きによって抽出された群を便宜的に"4群"と呼ぶ。

続いて，4群を要因とした分散分析によって，DIDSの得点を比較した（Table 6-1-5）。その結果，反芻的探求の得点が，A群でC群とD群よりも有意に低かった。A群は，今の自分に問題をあまり感じていない者であり，そのため抑うつや不安症状などと関連する反芻的探求の得点が低かったことが推察される。【研究3】においても，探求が低くコミットメントが高い

Table 6-1-4　回答の個人差に基づく群分け

		記述ありまたは✓あり	N	%
現実自己	・現在，私は"＿＿＿＿＿自分"を変えたいと思っています。	理想自己の質問へ		
	□ 変えたいと思っていない。	A群	24	6
	□ 思いつかない。	B群	39	10
	□ 質問の意味が理解できない。	除外	3	1
理想自己	・この先，私は"【質問1】で書いた内容　自分"を，"＿＿＿＿＿自分"	D群	283	73
	に変えたいと思っています。			
	□ 思いつかない。	C群	33	9
	□ 質問の意味が理解できない。	除外	4	1
		合計	386	100

Table 6-1-5　回答の個人差による DIDS 得点の比較

	A群 $n=24$		B群 $n=38$		C群 $n=31$		D群 $n=280$		F値	η^2	多重比較
	M	(SD)	M	(SD)	M	(SD)	M	(SD)			
適応的探求	3.06	(0.90)	3.01	(0.65)	2.96	(0.71)	3.24	(0.72)	2.44	.02	
反芻的探求	2.75	(0.86)	3.18	(0.73)	3.51	(0.61)	3.56	(0.68)	11.33***	.09	A<C,D
コミットメント	3.10	(1.05)	2.87	(0.81)	2.79	(0.77)	2.91	(0.85)	0.59	.00	

注) **$p<.01$, ***$p<.001$

"フォークロージャー地位"の者は，全体的に見て，変容への志向性が低いという結果が得られている。

理想自己への変容の想起とアイデンティティ形成の関連　4群間では人数の偏りが大きいため，同じモデルによってパス解析を行ったとしても，関連の有意性がサンプルサイズに起因してしまうことや，D群以外で信頼できるモデル適合度が得られないことが懸念された。そのため，D群のみのデータを用いてパス解析を行った（Figure 6-1-1）。D群における各変数間の相関係数を Table 6-1-6に示した。独立変数を理想自己への変容志向性，変容後のイメージ，計画性とし，従属変数は DIDS の3変数とした[7]。その結果，イ

Table 6-1-6 D群における各変数間の相関係数

	1	2	3	4	5	6
1．志向性（理想自己）	－					
2．イメージ（理想自己）	.17**	－				
3．計画性（理想自己）	.25***	.45***	－			
4．適応的探求	.11	.28***	.26***	－		
5．反芻的探求	.08	.01	－.03	.13*	－	
6．コミットメント	.09	.30***	.24***	.71***	－.37***	－

注）*p<.05，**p<.01，***p<.001

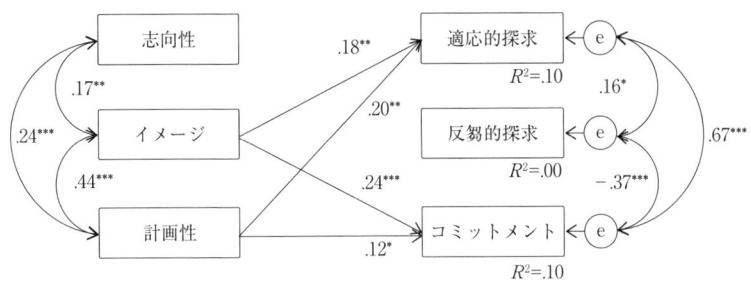

Figure 6-1-1　D群における理想自己への変容の想起とアイデンティティ形成の関連
注）*p<.05，**p<.01，***p<.001

メージは適応的探求，コミットメントと有意な正の関連を示した。また，計画性も同様に，適応的探求とコミットメントと有意な正の関連を示した。一方，志向性は，いずれの従属変数とも有意な関連を示さなかった。モデルの適合度は，χ^2=5.69，df=5，$n.s.$，GFI=.99，AGFI=.97，CFI=1.00，RMSEA=.02であり，十分なあてはまりを示した。

　これらの結果から，アイデンティティ形成を促進するためには，理想自己に変わった姿をイメージすることや変わるための計画を持つことが重要であ

7　アイデンティティ形成への関連について，現実自己と理想自己の双方から検討するため，D群のデータを用いて，独立変数に両者の三変数を同時に投入するモデルを検討した。その結果，現実自己の変容志向性は反芻的探求と正の関連を示し（β=.12, p<.05），計画性は反芻的探求と負の関連を示した（β=－.15, p<.01）。しかし，理想自己への変容に関する変数においては，Figure 6-1-1と同様の結果が得られた。

ることが明らかにされた。Peters et al.（2010）と Meevissen et al.（2011）は，最高の可能自己について記述・イメージすることが，心理的適応を促進することを示しており，アイデンティティ形成においてもその効果が認められた結果となった。また，計画性に関しても，Luyckx & Robitschek（2014）や Anthis & LaVoie（2006）と同様に，アイデンティティ形成を促進していた。

第2節　理想自己を伴う自己変容に対する志向性がアイデンティティ形成に及ぼす影響【研究7】

目的

　本研究の目的は，理想自己を伴う変容志向性がアイデンティティ形成に及ぼす影響を明らかにすることである。【研究6】において得られた知見を，質問紙実験の手法を用いて再現可能かどうか検討する。

方法

　調査協力者　Time 1と Time 2の調査は，いずれも関東地方の国立大学2校と私立大学4校の大学1-4年生を対象に行われた。分析の際には，2回の調査に回答し，かつ変容を志向する自己概念領域を記入した230名（男性78名，女性151名，不明1名；平均年齢19.92歳，$SD=1.64$）を対象とした。

　実施手続きと倫理的配慮　Time 1の調査は2014年11月，Time 2の調査は2014年12月に行われた。2回とも大学の講義の前後を利用して，調査協力者に一斉に質問紙を配布し，その場で回収した。2回の調査を行うにあたって，Time 2の回答の時点で，Time 1での回答が影響を及ぼさないように留意した。尺度作成における再検査信頼性の検討では，Time 1の記憶の影響を排除することが前提とされており，Time 1と Time 2の間隔は，一般的に1週間-1ヵ月が多いとされている（村上，2006）。本研究もその指摘を参考にして，調査の間隔を約2週間空けた。Time 1から Time 2までの経過日数

は，平均15.63日（$SD = 2.98$，range = 13-21）であった。

Time 1とTime 2のデータの照合のために，携帯電話番号の下4桁を尋ねた。研究1と同様の倫理的配慮に加えて，携帯電話番号の下4桁によって個人が特定されることはないことを紙面に明記し，口頭でも伝えた。また，質問紙を回収した後には，協力者全員に調査の目的や他の群の調査内容を説明する用紙を配布し，デブリーフィングを行った。なお，調査は筑波大学の研究倫理審査委員会の承認を得た上で実施された（課題番号：筑25-158）。

調査内容 Time 1の質問紙では，全員にDIDSへの回答を求めた。Time 2の質問紙は3種類（統制群，実験群1，実験群2）に分かれていた。実験群1には，現実自己の想起のみを行う質問紙を配布した。実験群2には，現実自己の想起に加えて，理想自己の想起を行う質問紙を配布した。統制群では，自己変容の想起に関する質問項目は設けなかった。3群とも最後にDIDSへの回答を求めた。対象者は3群に無作為に割り当てられ，統制群は75名，実験群1は83名，実験群2は72名であった。使用した尺度や教示文などは，【研究6】と同一であった。群ごとの手続きと調査内容を，Table 6-2-1に示した。

結果と考察

事前分析 各尺度のα係数を算出したところ，現実自己の変容志向性で.84，理想自己への変容志向性で.86，Time 1の適応的探求で.85，Time 1

Table 6-2-1 群ごとの手続きと調査内容

	Time 1 （ベースラインの測定）	Time 2 （3群への無作為割り当てによる測定）			Time 2の直後 （デブリーフィング）
	DIDS	現実自己の変容	理想自己への変容	DIDS	研究目的の説明・他の群の調査内容
統制群（$n = 75$）	○	−	−	○	○
実験群1（$n = 82$）	○	○	−	○	○
実験群2（$n = 71$）	○	○	○	○	○

注）質問紙や説明用紙に含まれていた内容を○で示した。

の反芻的探求で.68,Time 1のコミットメントで.91,Time 2の適応的探求で.87,Time 2の反芻的探求で.77,Time 2のコミットメントで.92であり,一定の内的整合性が確認された。そのため,それぞれの変数で項目の加算平均を算出し,得点化を行った。

理想自己を記述することの効果　本研究のようなプレ・ポストデザインの場合,個人内変動の群間比較によって効果を検討することが推奨されているため（吉田,2006），Time 2からTime 1のDIDSの各得点を引いて差得点を算出し,群を要因とした分散分析を行った[8]。その結果,反芻的探求のみに有意差が示された（$F=3.24, df=2, p<.05, \eta^2=.03$）。多重比較の結果,実験群2では,統制群よりも有意に反芻的探求の得点が減少していた（Figure 6-2-1）。

実験群2は,現実自己と理想自己の両方を記述した群であり,何も想起しない統制群と比較した場合に比べて,具体的な理想自己を記述することの効果が示された。実験群2が行った作業は,現在の否定的な自己概念（例：人見知りな自分）を,未来の肯定的な自己概念（例：社交的な自分）に書き直すものであった。反芻とポジティブな未来を考えることは負の関連（O'Connor & Williams, 2014）にあることが指摘されており,ポジティブな未来に焦点化することで,反芻を伴う探求が減少したと考えられる。アイデンティティは短期間では変動しにくいことが指摘されてきた（Markstrom-Adams, Ascione, Braegger, & Adams, 1993）が,近年ではアイデンティティは状態的なプロダクトではなく,流動的な形成プロセスとして捉えられており（溝上,2008），本研究において使用したDIDSもプロセスを捉える尺度である。アイデンティティ形成プロセスは,比較的,短期的に変動が生じやすいとされており[9],理想自己への変容を想起したことで,不適応的なアイデンティティ探

---

[8] Time 1の時点で群ごとにDIDSの得点差がないか確認するため,Time 1のDIDSの3変数を従属変数とした分散分析を行ったところ,いずれも有意な差は得られなかった（適応的探求で$F=0.22, df=2, n.s., \eta^2=.00$,反芻的探求で$F=1.22, df=2, n.s., \eta^2=.02$,コミットメントで$F=0.27, df=2, n.s., \eta^2=.01$）。

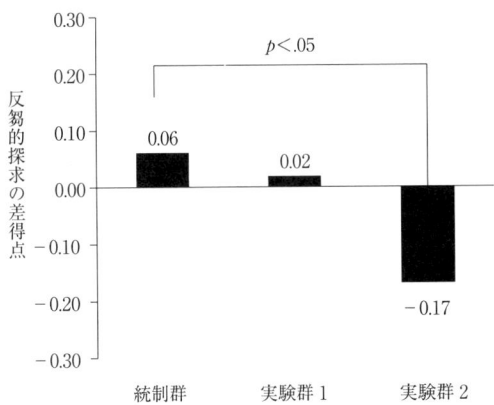

Figure 6-2-1　群ごとの反芻的探求の差得点

求が抑制されたと解釈される。

変容後のイメージと計画性の効果　続いて，Time 1の変数を統制した上でも，自己変容の想起がTime 2のDIDSに効果を及ぼすかを検討するため，従属変数をTime 2のDIDSとし，群ごとに階層的重回帰分析を行った。Step 1の独立変数には，従属変数に対応するTime 1のDIDSの変数を投入した。Step 2の独立変数には，志向性，変容後のイメージ，計画性を投入した。この際，実験群1は現実自己の変容に関する変数，実験群2は理想自己への変容に関する変数を投入した。

その結果，Step 1のβは，全ての分析において0.1％水準で有意であった。また，Step 2において実験群1では，いずれの分析も説明率の増分が有意でなかった。一方で，実験群2においては，適応的探求とコミットメントを従属変数にした場合に，説明率の増分が有意であった（Table 6-2-2）。変容後

---

[9]　近年では，アイデンティティ形成の変動性を扱う研究も出てきている。例えば，アイデンティティ形成の得点（5件法）に関して，5日間の変動を測定した場合，平均して0.5程度の標準偏差があることが示されている（Klimstra et al., 2010）。その中でも，現在のコミットメントに満足できずに新しいものを求める"コミットメントの再考"の短期的変動が，後の不安や抑うつを促進することが明らかにされている（Schwartz et al., 2011）。

のイメージが適応的探求と有意な関連を示し，計画性がコミットメントと有意な関連を示した。

以上から，【研究6】のパス解析で得られた結果がほぼ再現され，理想自己に変わった後のイメージや変容への計画性を有することがアイデンティティ形成を促進することが示された。これらの結果は，Peters et al.（2010）やLuyckx & Robitschek（2014）などの先行研究を支持するものであった。同時に，現実自己の変容の想起がアイデンティティ形成に影響しないことが示された。ここから，今の自分のみに着目して変わることを考えている場合は，将来向かうべき方向性が定まらないために，アイデンティティ形成が促進されにくいことが推察される。

Table 6-2-2 実験群2におけるTime 2のDIDSを従属変数とした階層的重回帰分析

	T2適応的探求			T2反芻的探求			T2コミットメント	
	β	R^2		β	R^2		β	R^2
Step 1			Step 1			Step 1		
T1適応的探求	.73***	.53***	T1反芻的探求	.78***	.61***	T1コミットメント	.76***	.58***
Step 2			Step 2			Step 2		
志向性	.01	.59***	志向性	-.08	.62***	志向性	-.05	.65***
イメージ	.18*		イメージ	.04		イメージ	.12	
計画性	.13		計画性	.08		計画性	.24**	
ΔR^2		.07*	ΔR^2		.01	ΔR^2		.07**

注1）*p<.05, **p<.01, ***p<.001
注2）Step1では強制投入法を用い，Step2では有意水準5%を基準としたステップワイズ法を用いた。
注3）T1はTime 1の得点，T2はTime 2の得点を意味する。
注4）ここでの志向性，イメージ，計画性は，理想自己への変容に関する内容である。

第3節 理想自己を伴う自己変容に対する志向性の
学校段階による比較【研究8】

目的

　本研究の目的は，青年期における理想自己を伴う自己変容に対する志向性の発達的変化について，学校段階による比較から明らかにすることであった。

方法

　調査協力者　関東地方の1校の公立中学校に在籍している1-3年次の中学生433名（男性212名，女性220名，不明1名；平均年齢13.24歳，$SD = 0.95$），関東地方の1校の公立高校，1校の私立高校に在籍している1-3年次の高校生597名（男性266名，女性328名，不明3名；平均年齢16.32歳，$SD = 0.97$），関東地方の2校の国立大学，2校の私立大学に在籍している1-4年次の大学生393名（男性187名，女性204名，不明2名；平均年齢19.53歳，$SD = 1.12$）の合計1423名であった。明らかに回答意欲がないと判断された者は，集計や分析から除外した。

　調査対象となった高校の進路状況は，進学率が約9割の公立高校と進学率が約4割の私立高校であった。また，ベネッセが公開している調査対象の大学偏差値は，高い順に68，55，49，45であった。そのため，各学校段階において一般的なサンプルが抽出されていると判断し，三つの学校段階の比較による知見の一般化は可能であると判断した。

　実施手続きと倫理的配慮　2014年6-9月に質問紙調査を実施した。授業やホームルームの前後を利用して，調査協力者に一斉に質問紙を配布し，その場で回収した。倫理的配慮として，調査は無記名であり，回答は任意であること，回答を拒否したり中断したりすることができること，回答を拒否したり中断しても調査協力者に不利益は生じないことなどを質問紙の表紙に明記し，口頭でも説明を行った。なお，調査は筑波大学の研究倫理委員会の承認

を得て実施された（課題番号：筑25-158）。

調査内容　1．自己変容に関する質問項目：【研究6】と同様の項目を使用した。志向性，イメージ，計画性について，現実自己と理想自己のそれぞれを尋ねた。Tanti, Stukas, Halloran, & Foddy（2008）は中学生の自己概念の記述が直前に提示された情報に影響を受けやすいことを明らかにしているため，記述例は設けなかった。

2．未来焦点（4項目，7件法）：Shipp, Edwards, & Lambert（2009）で作成され，Chishima, McKay, & Murakami（2017）で日本語に翻訳された日本語版時間的焦点尺度（temporal focus scale）のうち，未来焦点の下位尺度を使用した。項目は，"私は自分にどんな未来が待っているかを考える"，"私は自分の未来に意識を向ける"，"私は明日の自分がどうなるかを想像する"，"私は将来のことについて思いをはせる"の4項目である。"以下の項目について，あなたはどのくらいの頻度で思ったり，行ったりしますか"と教示し，原版に倣って，"1．まったくない-7．いつも"の7件法による回答を求めた。本尺度の信頼性，妥当性，青年への適用可能性については，McKay, Percy, Goudie, Sumnall, & Cole（2012）やChishima, McKay, & Cole（2017）によって確認されている。

3．進路課題自信（12項目，5件法）：坂柳・清水（1990）で作成された尺度を使用した。"教育的進路課題"，"職業的進路課題"，"人生的進路課題"の3下位尺度に分かれているが，本研究ではそれらを合計して総合的な進路課題に関する自信を測定する変数として使用した。また，教育的進路課題の項目で使用されている"進学"を"進路"に修正するなど，三つの学校段階において適用可能な項目となるよう一部修正を行った。

4．デモグラフィック変数：所属，学年，年齢，性別を尋ねた。

結果

事前分析　まず，変容を志向する自己概念領域の回答において，回答に不備があった（何も記述がない，二重にチェックがついている，"質問の意味がわから

ない"にチェックがついているなど）68名を分析から除外した。そのうち，"質問の意味がわからない"にチェックをつけた者は，中学生で20名，高校生で8名，大学生で7名であった。

次に，学校段階別に，各尺度のα係数を算出した。中学生，高校生，大学生の順に，現実自己の変容志向性で.86，.88，.80，理想自己への変容志向性で.87，.92，.86，未来焦点で.79，.80，.79，進路課題自信で.94，.94，.92であり，十分な内的整合性が確認された。そのため，それぞれの変数で項目の加算平均を算出し，得点化を行った。

変容を志向する自己概念領域による差異を検討するため，【研究6】と同様の8領域×学校段階のクロス集計表を作成し，χ^2分析を行った結果，連関が有意であった（$\chi^2 = 68.18$, $df = 14$, $p<.001$, $V = .19$）。残差分析の結果，中学生において"達成・知識"と"対人的調和"の割合が多く，高校生において"動機づけ・自己制御"の割合が多く，大学生において"生活上の管理"と"精神性"と"個別性"の割合が多かった。本研究では自己変容に対する志向性の個人差と発達的変化を明らかにすることを目的としており，領域を第三の要因として含めることで結果が煩雑になることや，人数の不足によって結果の信頼性が損なわれることを考慮し，以降は領域を分けずに分析を行う。

回答の個人差による群分けと割合　【研究7】と同様に，回答の個人差を基に群分けを行った。現実自己で"変えたいと思っていない"にチェックをつけた者をA群とした。現実自己で"思いつかない"にチェックをつけた者をB群とした。現実自己を記述し，理想自己で"思いつかない"にチェックをつけた者をC群とした。現実自己と理想自己の両方を記述した者をD群とした。

学校段階によって，4群の割合が異なるかどうかを検討するため，学校段階×4群のクロス集計表を作成し，χ^2分析を行った結果，連関が有意であった（$\chi^2 = 53.05$, $df = 6$, $p<.001$, $V = .14$）。詳細をTable 6-3-1に示す。残差分

Table 6-3-1 学校段階と4群の割合

		A群	B群	C群	D群	合計
中学生	n	31	114	26	229	400
	%	7.75	28.50	6.50	57.25	100.00
	Adj	2.13	4.56	0.01	−4.99	
高校生	n	22	128	29	397	576
	%	3.82	22.22	5.03	68.92	100.00
	Adj	−2.55	1.16	−1.87	1.24	
大学生	n	24	39	33	283	379
	%	6.33	10.29	8.71	74.67	100.00
	Adj	0.64	−5.91	2.06	3.70	
合計	n	77	281	88	909	1355
	%	5.68	20.74	6.49	67.08	100.00

注）調整済み残差が1.96以上のセルを実線で囲い，1.96未満のセルを点線で囲んだ。

Table 6-3-2 学校段階と4群を要因とした二要因分散分析

		中学生(中)	高校生(高)	大学生(大)	学校段階の主効果 F値	η^2	4群の主効果 F値	η^2	交互作用 F値	η^2	単純主効果の多重比較
未来焦点	A群	4.43 (1.33)	4.86 (1.51)	3.88 (1.34)	4.57*	.01	15.15***	.03	2.51*	.01	中：B,C<D
	B群	4.09 (1.35)	4.29 (1.23)	4.14 (1.20)	df=2, 1300		df=3, 1300		df=6, 1300		高：B<D
	C群	3.74 (1.34)	4.35 (1.15)	3.97 (0.91)	大<高		B,C<D				A：大<高
	D群	4.88 (1.32)	4.64 (1.18)	4.53 (1.14)							D：大<中
進路課題自信	A群	3.41 (1.01)	3.33 (0.77)	3.02 (1.01)	4.24*	.01	5.05**	.01	0.81	.00	
	B群	3.07 (0.86)	2.96 (0.87)	2.75 (0.75)	df=2, 1305		df=3, 1305		df=6, 1305		
	C群	2.76 (0.89)	2.87 (0.78)	2.81 (0.65)	大<中		B,C<A				
	D群	3.25 (0.82)	3.01 (0.81)	2.88 (0.79)							

注1）*p<.05, **p<.01, ***p<.001
注2）主効果の多重比較（Bonferroni法，5％水準）の結果を，F値の下段に示した。

析の結果，中学生においてA群とB群の割合が多く，大学生においてC群とD群の割合が多かった。

学校段階と4群の二要因分散分析 学校段階と4群を要因とし，未来焦点と進路課題自信を従属変数とした分散分析を行った（Table 6-3-2）。分析の結果，未来焦点では，学校段階の主効果，群の主効果，交互作用が有意であった。全体的に未来焦点の得点は，高校生やD群で高く，B群とC群で

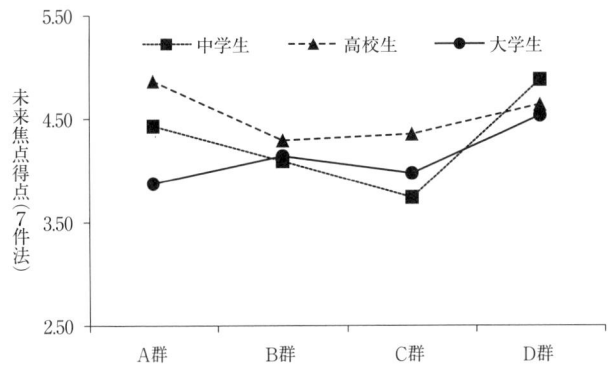

Figure 6-3-1　学校段階と4群ごとの未来焦点得点

低いことが示された。交互作用に関してより視覚的に表すため，Figure 6-3-1を作成した。進路課題自信では，学校段階の主効果と4群の主効果が有意であった。多重比較の結果，中学生で大学生よりも得点が高く，A群でB群とC群よりも得点が高いことが示された。

D群における多母集団同時分析　続いて，三つの学校段階のD群において，変数間の関連が異なるかどうかを明らかにするため，多母集団同時分析を行った。変数間の相関係数を参考にしながら（Table 6-3-3, 6-4-4），【研究6】と同様に独立変数として自己変容の想起を，従属変数として未来焦点と進路課題自信を投入してパス解析を行った（Figure 6-3-2）。等値制約を施さないモデルを配置不変モデルとした。変数間のパス係数に等値制約を施すモデルを弱測定不変モデルとした。パス係数に加えて，共分散に等値制約を施すモデルを強測定不変モデルとした。三つのモデルを比較した結果，AICを基準とした場合，弱測定不変モデルが最もあてはまりが良いことが示された（Table 6-3-5）。これらの結果から，学校段階を通じて，変数間の関連は同一に仮定できることが示された。共分散に関してパス係数の一対比較を行ったところ，未来焦点と進路課題自信の誤差間で有意差が示され，中学生よりも大学生で係数が高く（$z=3.36, p<.001$），高校生よりも大学生で係数が

Table 6-3-3　D群における各変数間の相関係数（全サンプルと中学生）

	1	2	3	4	5
1．志向性（理想自己）	—	.25***	.29***	.33***	.10
2．イメージ（理想自己）	.23***	—	.32***	.32***	.34***
3．計画性（理想自己）	.27***	.41***	—	.25***	.33***
4．未来焦点	.22***	.29***	.22***	—	.47***
5．進路課題自信	.07*	.33***	.31***	.40***	—

注1）左下に全サンプル，右上に中学生の相関係数を示した。
注2）*p<.05, **p<.01, ***p<.001

Table 6-3-4　D群における各変数間の相関係数（高校生と大学生）

	1	2	3	4	5
1．志向性（理想自己）	—	.17**	.25***	.17**	.01
2．イメージ（理想自己）	.26***	—	.45***	.28***	.31***
3．計画性（理想自己）	.28***	.40***	—	.19**	.29***
4．未来焦点	.19***	.26***	.20***	—	.29***
5．進路課題自信	.09	.31***	.28***	.41***	—

注1）左下に高校生，右上に大学生の相関係数を示した。
注2）*p<.05, **p<.01, ***p<.001

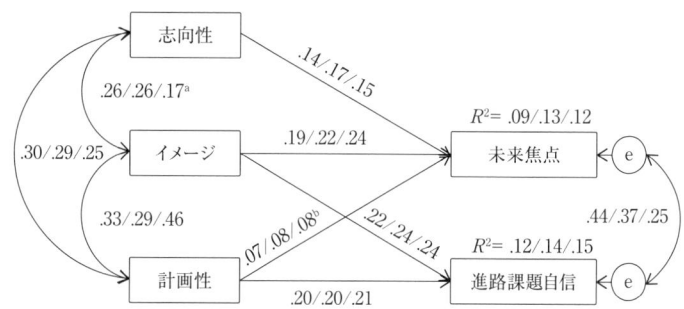

Figure 6-3-2　D群における多母集団同時分析（弱測定不変モデル）

注1）数値は中学生，高校生，大学生の順に示している。
注2）a：大学生でp<.01，b：全ての学校段階でp<.05，ab以外全てp<.001

Table 6-3-5　多母集団同時分析におけるモデル適合度

	χ^2	df	CFI	RMSEA	AIC
配置不変モデル	2.70 n.s.	3	1.00	.00	116.70
弱測定不変モデル	14.57 n.s.	7	1.00	.01	108.57
強測定不変モデル	32.84*	13	.98	.02	110.84

注）*p<.05

高かった（$z=1.98$, $p<.05$）。

考察

自己変容に対する志向性の個人差と発達的変化　本研究では回答の個人差に着目して，A-Dの4群に分類した。全体の割合として，現実自己と理想自己の両方を記述した者の割合が高かったものの，中学生ではその割合は57.25％に留まった。これまでの研究において，自己概念の想起可能性や具体性の有無があまり問題にされてこなかったが，この結果は，理想自己の具体性の有無に着目して個人差や発達的変化を検討することの重要性を裏付けているといえる。

　学校段階別に割合を比較した結果，予測通り中学生では，自分を変えたいと思わないA群や変えたい部分が具体的に思いつかないB群の割合が多かった。一方で，大学生においては，変えたい部分は具体的であるが，どのような自分に変えたいかが思いつかないC群とどちらも具体的に想起できるD群の割合が多かった。以上の結果から，学校段階が上がるに伴って，変容を志向する者の割合が増えることや，現実自己や理想自己の具体化が進むことが明らかにされた。大学生の時期は，中学生や高校生と比べて否定的な部分も含めて深く内省し（髙坂, 2009），アイデンティティの探求が最も高く（Luyckx, Klimstra, Duriez, Van Petegem, & Beyers, 2013），将来目標の渇望が上昇する（都筑, 2014）ために，理想自己に関連する群の割合が多かったのであろう。すなわち，自己変容を望む際に理想自己が伴うかどうかは，内省や将来展望の発達などと深い関わりがあることが推察される。

未来焦点，進路課題自信の4群ごとの差異　未来焦点は，全体的に，理想自己を記述したD群で，理想自己や現実自己が具体的でないB群やC群よりも高かった。具体的な理想自己への変容を望む者ほど，未来に目を向けやすいことが確認された。特に，中学生においてC群とD群で未来焦点の得点に大きな相違が示された。Yowell（2000）において，中学生が理想自己を持つことは楽観性や職業への意欲と関連することが示されている。中学生は

比較的，理想自己を想起しにくいという結果を踏まえると，中学生にとって明確な理想自己を持つことは，将来への目標を設けることになるため，将来への意識が高まると推察される。

また，大学生は未来焦点が高校生よりも低く，特にA群では，大学生で高校生よりも，未来焦点が低いという交互作用が示された。都筑（2014）においても，高校生の将来志向や希望の得点は，卒業して1年後に下がることが示されている。また，水間（2003）は，大学生サンプルで現実自己の変容志向性が高いほど，未来イメージが肯定的であることを示しており，大学生にとって自己変容を望むことは，未来について考えることと関わりが深いことが窺える。そのため，自分を変えたいと思わないA群の大学生では，未来焦点が低かったのであろう。

進路課題自信に関しては，変えたいと思っていないA群において，B群やC群よりも得点が高かった。【研究3】では，フォークロージャー地位の者は変容志向性を持ちにくいことが示された。フォークロージャー地位はそれまでの価値観に固執して進路選択を行うとされているため（無藤, 1979），自分を変えたいと思わない者は，自身の今後の進路についてもあまり悩まずに自信を持っていると考えられる。

自己変容の想起と未来焦点，進路課題自信の関連　理想自己を想起したD群のみを取り上げて，学校段階ごとに関連を比較した結果，同一の変数間の関連が示された。イメージと計画性は，未来焦点と進路課題自信を促進していた。すなわち，理想の自分になるためのイメージや変容のための計画を持っていることが，未来への意識を高めるだけでなく，進路への自信を高めることが示唆された。先行研究においても，可能自己をイメージすることは，人生に関するキャリア探索や職業選択への意欲を促すことが知られている（Shepard & Marshall, 1999; Yowell, 2000）。また，自己成長主導性のうち計画性は，キャリア探索や職業へのコミットメントを促進するため（Robitschek & Cook, 1999; Weigold et al., 2013），先行研究の知見と一貫した結果が得られた

といえる。

　しかし，志向性については，予測通り未来焦点と正の関連を示したものの（水間，2002b），進路課題自信には関連を示さなかった。ここから，【研究6】のアイデンティティ形成に関する結果と同様に，進路課題への自信の向上にとっては，志向性を持っているだけでは不十分であることが示唆された。

第4節　本章のまとめ

　本章の目的は，理想自己を伴う自己変容に対する志向性について，個人差と発達的変化を検討することであった。【研究6】では，今のどのような自分を（現実自己），この先どのような自分に（理想自己）変えたいと思っているかを尋ねる項目に加えて，志向性，イメージ，計画性を尋ねる項目が作成された。さらに，回答の個人差に基づいて，変容への志向性を持たないA群，変えたい現実自己が思いつかないB群，変えたい現実自己は具体的であるが，理想自己が思いつかないC群，両方の自己が具体的なD群の4群に分類された。

　一連の研究を通して，イメージと計画性がアイデンティティ形成や進路課題への自信と正の関連を示した。特に，【研究7】では，Time 1の得点を統制した上でも，同様の関連が確認された。【研究8】では，どの学校段階においても，その関連は等値であることが示された。これらの結果から，アイデンティティ形成や進路課題への自信にポジティブな影響を及ぼすのは，理想自己に変わった姿をイメージすることや理想自己への変容のための計画を持つことであることが示された。

　【研究7】では，自己変容を想起する際に現実自己と理想自己の双方を想起した群（実験群2）は，何も想起しない群（統制群）と比べて，反芻的探求が有意に減少していた。この結果は，そのように変わりたいと思う理想の自分を思い浮かべてそれを記述するという行為自体が，今後について思い悩む

ことを低減する効果を持つことを示唆していると考えられる。

　【研究8】では，回答の個人差に基づいて，分類された4群について，学校段階による比較を行った。その結果，中学生ではA群とB群，大学生ではC群とD群の割合が多いことが明らかにされた。ここから，学校段階が上がるにつれて，理想自己を伴った形で，自己変容を志向するようになることが示された。

　続く第7章では，自己変容という現象自体を，青年がどのように捉えているかという点に着目して検討を行う。特に，自己変容に葛藤を抱いている場合や，過度な期待を持っている場合には，自己変容が望むように実現されにくいことが指摘されているため，自己変容の実現との関連も踏まえながら議論する。

第7章　青年期における自己変容の捉え方

第1節　自己変容の捉え方に関する探索的検討【研究9】

目的

【研究9】の目的は，大学生が自己変容をどのように捉えているかについて，探索的に明らかにすることである。

方法

調査協力者　関東地方の国立大学の大学生71名（男性23名，女性47名，不明1名；平均年齢19.30歳，$SD=0.82$）であった。

実施手続きと倫理的配慮　調査は，2011年2月に行われた。大学の講義の前後を利用して，調査協力者に一斉に質問紙を配布し，その場で回収した。調査は無記名であり，回答は任意であること，回答を拒否したり中断したりすることができること，回答を拒否したり中断しても調査協力者に不利益は生じないことなどを紙面に明記し，口頭でも伝えた。なお，調査は筑波大学の研究倫理審査委員会の承認を得た上で実施された（課題番号：22-378）。

調査内容　1．自己変容の捉え方："あなたは，'人が変わること'に対してどのような考えや価値観を持っていますか"，"'自分の変化'に関して考えていることや感じていることがありましたら，自由にお書きください"と教示し，自由記述形式で回答を求めた。

2．デモグラフィック変数：所属，学年，年齢，性別を尋ねた。

結果と考察

自己変容の捉え方について，得られた記述数は84個であった。一人の記述が複数の内容を含んでいる場合は，別々に集計した。まず，著者1名が内容

の類似性を基準として,記述の分類を行った。その結果,肯定的評価,他力・自然,困難,葛藤,不安,不可,容易,他者の変容のサブカテゴリが得られた。得られたサブカテゴリをさらに上位カテゴリにまとめた結果,A困難,B他力・自然,C葛藤,D不安の4カテゴリとその他(肯定的評価と他者の変容)に分類された。肯定的評価については,9割近くの大学生が自己変容を肯定的に評価している(田中,2011)ことや,自己の変容については潜在的にポジティブな意識が強いこと(O'Brien & Kardes, 2016)を踏まえ,カテゴリからは除外した。ここまでの分類結果に関して,青年心理学を専門としている大学教員1名に,各カテゴリについての内容的妥当性の確認を求めた。続いて,分類の客観的根拠を示すため,以上の手続きによって得られた困難,他力・自然,葛藤,不安,肯定的評価,他者の変容の6カテゴリに記述をあてはめる形式で,心理学を専攻する大学院生2名に,記述の分類を依頼した。"以下の六つのカテゴリに記述を分類してください"と教示し,カテゴリごとに定義を設けた。記述が6カテゴリのいずれにもあてはまらないと判断した場合は,"分類不可"を選択するよう教示した。

その結果,2名の分類の一致率は $\kappa = .81$ と高く,カテゴリ分類の妥当性が示された。不一致であった記述については,著者を加えた3名で協議の上で分類を行った。以上の手続きによって得られた記述の最終的な分類結果と分類に使用したカテゴリの定義を,Table 7-1-1に示した。

Polivy & Herman(2002)などによって指摘されていた"期待"は抽出されなかった。この原因として,大きく二点が考えられる。第一に,先行研究で扱われている期待の概念は,臨床群を想定しており,一般大学生からはあまり想起されない内容であることが考えられる。第二に,本調査の教示では,人が変わることにどのような考え方や価値観を持っているかを尋ねたため,自己変容に対して大きな期待を抱いているという内容を書きにくかったことが推察される。しかしながら,先行研究によって,自己変容への過度な期待が変容の実現を抑制する要因であることが示されており,自己変容の捉

Table 7-1-1 自己変容の捉え方の分類と定義

	カテゴリ	記述数	定義
A	困難	20	自己変容は困難であることを意味する内容
B	他力・自然	15	自己変容は他者や環境の影響によって自然と生じることを意味する内容
C	葛藤	7	自己変容に対して葛藤があることを意味する内容
D	不安	5	自己変容は不安が伴うことを意味する内容
その他	肯定的評価	27	自己変容は良いものであることを意味する内容
	他者の変容	10	他者の変容に関する内容
	合計	84	

え方として，期待は重要な位置づけであると考えられる。そのため，以降の【研究10】においては，期待についても検討を行うこととする。

第2節　自己変容の捉え方と自己変容の実現の関連【研究10】

目的

本研究の目的は，大学生における自己変容の捉え方と自己変容の実現や自尊感情，時間的展望の関連を明らかにすることである。

方法

調査協力者　2校の国立大学と3校の私立大学の大学生400名（男性156名，女性242名，不明2名：平均年齢20.35歳，$SD = 2.12$）であった。調査は，2011年9月と10月に行われた。

実施手続きと倫理的配慮　調査は，2011年9月と10月に行われた。大学の講義の前後を利用して，調査協力者に一斉に質問紙を配布し，その場で回収した。調査は無記名であり，回答は任意であること，回答を拒否したり中断したりすることができること，回答を拒否したり中断しても調査協力者に不利益は生じないことなどを紙面に明記し，口頭でも伝えた。なお，調査は筑波大学の研究倫理審査委員会の承認を得た上で実施された（課題番号：23-2）。

調査内容　1．自己変容の捉え方：【研究9】の結果から得られた4カテゴリに加えて，Polivy & Herman（2002）によって指摘されていた自己変容の捉え方である非現実的な期待を"E期待"として含め，各カテゴリにつき5項目を作成した。

2．自己変容の実現：千島・佐藤（2013）で作成された5項目を使用した。項目内容は，"少しずつ良い方向に自分を変えられていると思う"，"自分は確かに変われてきているという実感がある"，"自分は望んだ方向に変われてきていると思う"，"自分は全然変われていないと感じる"，"自分の期待通りには変化できていない気がする"である。

3．自尊感情：【研究1】と同様の山本他（1982）の尺度のうち，9項目を使用した。

4．時間的展望：白井（1994）で作成された時間的展望体験尺度のうち，"目標指向性"，"希望"，"現在の充実感"の3下位尺度14項目を使用した。

以上の項目について，全て5件法で回答を求めた。調査内容の1．自己変容の捉え方と2．自己変容の実現については，調査協力者全員（$N=400$）に回答を求め，3．自尊感情と4．時間的展望については，そのうちの一部の調査協力者に回答を求めた（順に，$n=264$，$n=136$）。

5．デモグラフィック変数：所属，学年，年齢，性別を尋ねた。

結果

得点化の手続き　自己変容の捉え方25項目について，最尤法・プロマックス回転による探索的因子分析を行った。固有値の推移と解釈可能性を基準とした結果，想定通りの5因子が最適解であると判断した。因子負荷量が.40以上に満たない項目や複数の因子に多重負荷している項目を除外し，再度探索的因子分析を行った結果，最終的に自己変容の捉え方は22項目で構成された。得られた因子パターンと除外された項目を Table 7-2-1に示す。5因子での説明可能な分散の総和の割合は，48.6%であった。また，得られた22項目による因子構造の妥当性を客観的指標によって示すため，確認的因子分析

Table 7-2-1 自己変容の捉え方項目の探索的・確認的因子分析

		F1	F2	F3	F4	F5	h^2	CFA
	不安・葛藤（$a=.85$）							
D8	自分が変わることを恐れている自分がいる。	**.85**	.00	.02	-.08	-.01	.72	.84
D14	自分が変わっていくことにおくびょうになる時がある。	**.84**	.08	-.09	-.03	.01	.68	.82
D26	自分が変わることに対して，心配になることが多い。	**.71**	.05	.02	-.09	.05	.55	.74
D2	自分が変わるのは不安だ。	**.70**	-.17	.06	-.07	.15	.57	.73
C30	自分は変わるべきなのか，今のままでいるべきなのか，わからなくなることがある。	**.63**	-.05	.07	.22	-.14	.48	.62
C24	自分が変わらなければと思う気持ちと，変わらないでよいと思う気持ちの間でゆれることがある。	**.46**	.03	.00	.35	-.10	.37	.48
D20	自分が変わることは，何かを失うことだと思う。	**.43**	-.01	.02	.06	-.02	.20	.44
	期待（$a=.78$）							
E9	自分が変われば，明るい未来が待っているはずだ。	-.03	**.83**	.00	.01	-.01	.67	.81
E3	自分が変わることで，すべてがうまくいくだろう。	-.01	**.67**	-.03	.00	-.07	.41	.63
E15	自分が変わった先に，新しい自分がいるはずだ。	-.05	**.58**	.09	.01	.06	.38	.62
E27	自分が変わった後は，これまでと全く違う人生になると思う。	.17	**.56**	-.01	-.13	-.01	.40	.62
E21	自分が変われば，今まで見えなかったものがはっきり見えてくるだろう。	-.09	**.53**	.06	.09	.02	.29	.53
	困難（$a=.81$）							
A25	自分を変えるのは容易なことではない。	-.03	.02	**.80**	.05	.05	.65	.80
A7	簡単に変わることなんてできないと思う。	-.04	-.05	**.77**	.02	.03	.57	.74
A13	相当の努力がなければ，自分を変えられないと思う。	.05	.13	**.71**	-.03	-.09	.56	.74
A1	自分が変わることはとても難しい。	.13	.01	**.56**	-.05	-.02	.39	.62
	両価的評価（$a=.69$）							
C12	変わることも大切だが，今の自分のままでいることも大切だと思う。	-.01	.00	.00	**.77**	.02	.60	.84
C18	自分が変わることに良さがあるし，変わらないことにも良さがあると思う。	-.08	.09	.02	**.66**	.13	.46	.65
C6	今の自分ではいけないとも思うし，今の自分でいいとも思う。	.14	-.11	-.02	**.53**	-.03	.34	.51
	他力（$a=.66$）							
B10	自分が変わるためには，周りの力に頼ることも必要だ。	-.11	-.03	-.04	.09	**.80**	.60	.64
B28	自分だけの力では，なかなか自分は変われないと思う。	.10	-.05	.21	-.05	**.58**	.45	.61
B1	誰かの助けがあれば，自分を変えられる。	.20	.20	-.19	.06	**.44**	.38	.65

因子間相関	F1	F2	F3	F4	F5
F1					
F2	.20				
F3	.42	.20			
F4	.17	-.10	-.02		
F5	.31	.38	.20	.14	

注1）探索的因子分析の因子負荷量が .40以上のものを太字で示した。
注2）項目番号の前のアルファベットは，研究9と先行研究で得られた自己変容の捉え方を表している。
　　A：困難，B：他力・自然，C：葛藤，D：不安，E：期待
注3）CFAの値は，確認的因子分析における因子負荷量を表している。

を行った。その結果，適合度は $\chi^2 = 614.51$，$df = 199$，$p < .001$，GFI = .87, AGFI = .84，CFI = .86，RMSEA = .07となった。適合度は十分ではないものの，観測変数の多さが影響していると考えられるため，許容できる範囲内であると判断した。第1因子はD不安とC葛藤の項目で構成されていたため，"不安・葛藤"と命名した。第2因子はE期待の項目で構成されていたため，"期待"と命名した。第3因子はA困難の項目で構成されていたため，"困難"と命名した。第4因子は，【研究9】で得られたC葛藤の項目である"変わることも大切だが，今の自分のままでいることも大切だと思う"や"自分が変わることに良さがあるし，変わらないことにも良さがあると思う"などで構成された。第1因子に高い負荷量を示したC葛藤の項目よりも自己変容と現状維持の両方を受け入れ，肯定的に評価しているという意味合いが強いため，"両価的評価"と命名した。第5因子はB他力・自然の項目で構成されており，項目内容から"他力"と命名した。全ての項目が各因子に.40以上の負荷量を示した。それぞれの因子で α 係数を算出したところ.66-.85となり，一定の内的一貫性が確認された。そこで，各因子の項目得点について加算平均を算出し，得点化の手続きを行った。

　自己変容の実現5項目は，千島・佐藤（2013）において，大学生18名のみを対象に分析が行われており，結果の安定性に懸念があったため，本研究においても主成分分析を行った。その結果，千島・佐藤（2013）と同様の1次元構造が認められた。寄与率は62.2％であった。全ての項目が第1主成分に.40以上の負荷量を示し，α 係数が.84と十分な内的一貫性が確認されたため，この5項目の得点の加算平均を自己変容の実現得点とした。

　時間的展望体験尺度の14項目に関しては，3下位尺度ごとに得点の加算平均を算出し，得点化の手続きを行った。α 係数は，目標指向性で.87，希望で.71，現在の充実感で.73であり，一定の内的一貫性が確認された。

自己変容の捉え方と各変数の関連　自己変容の捉え方の5得点を独立変数とし，自己変容の実現得点，自尊感情得点，目標指向性得点，希望得点，現

Table 7-2-2 自己変容の捉え方，自己変容の実現，自尊感情，時間的展望の関連

	自己変容の実現 $n=400$		自尊感情 $n=264$		目標指向性 $n=136$		希望 $n=136$		現在の充実感 $n=136$	
	r	β	r	β	r	β	r	β	r	β
F1 不安・葛藤	-.26***	-.13**	-.31***	-.23***	-.21*		-.43***	-.31**	-.35***	-.30**
F2 期待	-.05		-.19**		.01		-.06		-.30***	-.15*
F3 困難	-.50***	-.44***	-.39***	-.29***	-.26**	-.26**	-.44***	-.31***	-.43***	-.30***
F4 両価的評価	.17**	.20**	.25***	.26***	.01		-.09		.12	.26**
F5 他力	-.02		-.03		-.17*		-.16		-.02	
R^2		.29***		.25***		.07**		.27***		.31***

*$p<.05$, **$p<.01$, ***$p<.001$

在の充実感得点を従属変数としたステップワイズ法による重回帰分析を行った。その結果について，相関分析の結果と併せて Table 7-2-2 に示す。重回帰分析の結果，不安・葛藤は，目標指向性以外の全ての従属変数と有意な負の関連を示した。期待は，現在の充実感のみと有意な負の関連を示した。困難は，全ての従属変数と有意な負の関連を示した。両価的評価は，目標指向性と希望以外の従属変数と有意な正の相関を示した。他力は，いずれの変数とも有意な関連を示さなかった。相関係数と標準偏回帰係数で値が大きく異なることはなく，VIF 係数の範囲も全ての分析で1.03-1.43であり，多重共線性が生じている可能性は低いことが確認された。

考察

自己変容の捉え方 自己変容の捉え方項目の因子分析では，【研究9】で得られたカテゴリが概ね再現されたが，葛藤の項目として作成された項目は，不安・葛藤の因子と両価的評価の因子に弁別された。D不安と同じ因子として集約された項目は，"自分は変わるべきなのか，今のままでいるべきなのか，わからなくなることがある"，"自分は変わらなければと思う気持ちと，変わらないでよいと思う気持ちの間でゆれることがある" であり，自己変容と現状維持の間で迷いが生じており，今後どうしたらよいか揺れる気持ちが強く表れている。一方で，両価的評価の因子として独自に抽出された項

目は，"変わることも大切だが，今の自分のままでいることも大切だと思う"，"自分が変わることに良さがあるし，変わらないことにも良さがあると思う"などであり，自己変容と現状維持を対比した上で，双方に対して肯定的に受け止める気持ちが表れている。このような相違点によって，C葛藤の項目が二分されたと考えられる。Miller & Rollnick（2002）の動機づけ面接の理論に従えば，本研究で不安・葛藤として得点化された項目は，概ね"回避−回避葛藤（例：自分が変わることにもデメリットがあるが，今のままでいるのもデメリットがある）"に対応し，両価的評価として得点化された項目は概ね"接近−接近葛藤（例：今の自分が変わることにもメリットがあるが，今のままでいることにもメリットがある）"に対応していると考えられる。

自己変容の捉え方とその他の変数の関連　不安・葛藤と困難は，自己変容の実現と負の関連を示した。不安・葛藤は，変容に対して不安が強く躊躇している気持ちを表しており，困難は自分が変わることは容易ではないという捉え方である。両者は因子間相関も高く，このような変容の捉え方をすることで変容の実現が妨げられやすいことが明らかになり，根本（2003），堀之内（1997），Miller & Rollnick（2002）で論じられてきた指摘を，実証的に支持する結果となった。特に困難との負の関連が強く，簡単には変われないという認知が実現を抑制することが示された。Bandura（1977）の自己効力感に関する知見に従うならば，変容への効力感の低さを意味する困難性の認知が，変容の実現というパフォーマンスを抑制することは妥当な結果であると考えられる。

また，不安・葛藤と困難は，自尊感情や希望，現在の充実感とも負の関連を示した。自分が変わっていくことに不安や難しさを感じることで，現在の自分や生活への満足感や未来への希望を抱くことが妨げられることが示された。Kiecolt & Mabry（2000）は，困難性の認知が自分への失望をもたらすことを示しており，本研究も同様の結果が示された。ここから，自己変容への葛藤や困難性の認知を低減することが自己変容の実現にとっても心理的適

応にとっても，重要であることが示された。一方で，両価的評価は，自己変容の実現，自尊感情，現在の充実感と正の関連を示した。両価的評価は，自己変容を肯定的に捉えるだけでなく，今の自分も肯定的に評価しているという特徴がある。自尊感情と正の関連が見られていることもそのことを裏付けている。

以上のように，【研究9】でC葛藤として作成された項目が，不安・葛藤と両価的評価に分かれ，それらが他の変数と逆の関連を示したことは，注目すべき結果であろう。先述の通り，葛藤項目が2因子に分かれたのは，現在の自分を肯定的に見ているかどうかという視点において葛藤の種類が異なっていたためであると考えられる。この点は【研究11】において詳細に検討を行う。

また，Polivy & Herman（2000）において指摘されていた期待は，自己変容の実現との関連は示されなかった。Polivy & Herman（2000, 2002），Herman & Polivy（2003）は，一連の研究において，摂食障害など健康を害する問題を抱えている者に関しての変容を主眼としているため，一般青年が思い浮かべる自己変容とは多少意味合いが異なっていた可能性が考えられる。さらに，本研究において期待は，希望や目標指向性といった未来次元の変数との関連が示されず，現在の充実感と負の関連が示された。ここから，自己変容に対して過度な期待を持つということは，未来に希望があるというよりも，現在の生活の空虚感とより関連していることが示された。

第3節　本章のまとめ

本章の目的は，大学生が自己変容をどのように捉えているかを明らかにし，自己変容の実現や自尊感情，時間的展望との関連を明らかにすることであった。【研究9】では，自己変容の捉え方に関する記述が収集され，先行研究の知見も合わせることで5カテゴリを抽出した。【研究10】では，【研究

9】の結果をもとに調査が行われ，自己変容の捉え方は因子分析によって，五つに分類された。もともと"葛藤"の項目として作成された項目は，因子分析によって"不安・葛藤"と"両価的評価"に弁別された。重回帰分析の結果，自己変容の実現を妨げやすいのは，困難と不安・葛藤であり，それらは自尊感情，希望，現在の充実感とも負の関連が示された。一方で，"両価的評価"はいずれの変数にも正の関連を示した。

続く第8章では，第7章の結果を踏まえて，葛藤に関してより掘り下げて検討を行う。Miller & Rollnick（2002）の動機づけ面接の理論に従えば，【研究10】で"不安・葛藤"として得点化された項目は，"回避-回避葛藤"に対応し，"両価的評価"として得点化された項目は，"接近-接近葛藤"に対応していると考えられる。このような理論を用いて説明を行うことで，自己変容の予期に伴う葛藤に関する理解が深まると考えられる。

第8章　青年期における自己変容の予期に伴う葛藤

第1節　自己変容の予期に伴う葛藤に関する探索的検討【研究11】

目的

　本研究の目的は，自己変容の予期に伴う葛藤について，今の自分が変わることにどのようなメリットやデメリットを予期しているかを尋ねることで，探索的に明らかにすることである。

方法

　調査協力者　関東地方の国立大学1校と私立大学1校の大学生91名（男性39名，女性49名，不明3名：平均年齢18.66歳，$SD=2.08$）であった。自己変容のメリット・デメリット予期について青年による記述から包括的に把握することを重視したため，自己認知がより発達していると考えられる青年期後期の大学生を対象とした。

　実施手続きと倫理的配慮　調査は，2012年10-11月に行われた。大学の講義の前後を利用して調査対象者に一斉に質問紙を配布し，その場で回収した。調査は無記名であり，回答は任意であること，回答を拒否したり中断したりすることができること，回答を拒否したり中断しても調査協力者に不利益は生じないことなどを紙面に明記し，口頭でも伝えた。なお，調査は筑波大学の研究倫理審査委員会の承認を得た上で実施された（課題番号：筑24-73）。

　調査内容　1．自己変容のメリット・デメリット予期：自己変容のメリットとデメリット，現状維持のメリットとデメリットを自由記述形式で尋ねるために，堀之内（1997）や Miller & Rollnick（2002）を参考に，"メリット"

	今の自分が変わること	今のままの自分でいること
メリット	・ ・ ・ □メリットはないと思う / 思いつかない	・ ・ ・ □メリットはないと思う / 思いつかない
デメリット	・ ・ ・ □デメリットはないと思う / 思いつかない	・ ・ ・ □デメリットはないと思う / 思いつかない

Figure 8-1-1　自己変容と現状維持のメリットとデメリットを尋ねるバランスシート

と"デメリット"×"今の自分が変わること"と"今のままの自分でいること"の4つの枠からなるバランスシートを作成した（Figure 8-1-1）。教示文を，"あなたは，'今の自分が変わること'や，'今のままの自分でいること'に対して，どのような'メリット（利益）'や'デメリット（不利益）'があると思いますか。思いつくだけ下の枠に書き入れてください"とし，最大四つまで回答を求めた。また，各枠の下部に"メリット（またはデメリット）はないと思う / 思いつかない"というチェックリストを設け，"メリットやデメリットがないと思う場合や，思いつかない場合は，該当箇所にチェックを入れてください"と教示した。

2．デモグラフィック変数：所属，学年，年齢，性別を尋ねた。

結果と考察

自己変容のメリット予期（以下，"変容メリット"），自己変容のデメリット予期（以下，"変容デメリット"），現状維持のメリット予期（以下，"維持メリット"），現状維持のデメリット予期（以下，"維持デメリット"）の順で，記述数は116個，70個，86個，96個であった。また，一人あたりの平均記述数は，順に1.43個，0.90個，1.08個，1.19個であった。"メリット（またはデメリット）

はない／思いつかない"にチェックを入れた者は，順に3名（3.7%），19名（24.4%），11名（13.8%），10名（12.4%）であった。田中（2011）は自己の変容を肯定する大学生の割合は8割以上であることを明らかにしており，"変容メリット"の平均記述数が多く，"変容デメリット"が思いつかない者が多いことは妥当な結果であると考えられる。

続いて，得られた記述についてKJ法によって分類した（Table 8-1-1）。その結果，"変容メリット"では，自己の成長，対人関係の構築，自信の獲得などの8カテゴリが抽出された。"変容デメリット"では，労力の消費，ストレスの増加，自己喪失などの5カテゴリが抽出された。"維持メリット"では，気楽さ，自分らしさの維持，安定・安心などの6カテゴリが抽出された。"維持デメリット"では，自己否定の増加，不安の増加，対人関係の悪

Table 8-1-1 自己変容・現状維持のメリット・デメリットの分類

自己変容	記述数	%	現状維持	記述数	%
メリット			メリット		
a. 自己の成長	28	24.1	a. 気楽さ	42	48.8
b. 対人関係の構築	22	19.0	b. 自分らしさの維持	14	16.3
c. 自信の獲得	19	16.4	c. 安定・安心	11	12.8
d. 楽しさの増加	12	10.3	d. 自己価値の向上	7	8.1
e. 生活の充実	10	8.6	e. 自由の獲得	4	4.7
f. ストレスの軽減	9	7.8	f. 対人関係の維持	3	3.5
g. 視野の広がり	8	6.9	その他	5	5.8
h. 経験の蓄積	5	4.3			
その他	3	2.6			
合計	116	100.0	合計	86	100.0
デメリット			デメリット		
a. 労力の消費	25	35.7	a. 自己否定の増加	22	22.9
b. ストレスの増加	21	30.0	b. 不安の増加	16	16.7
c. 自己喪失	11	15.7	c. 対人関係の悪化	14	14.6
d. 意図しない変容	7	10.0	d. 成長のなさ	12	12.5
e. 対人関係の悪化	4	5.7	e. 欠点の放置	11	11.5
その他	2	2.9	f. 後退・堕落	8	8.3
			g. 刺激のなさ	7	7.3
			その他	6	6.3
合計	70	100.0	合計	96	100.0

化などの7カテゴリが抽出された。以上の分類に関して，青年心理学を専門とする大学教員1名によって分類結果の妥当性が確認された。ここから，青年が自己変容や現状維持について，メリットやデメリットを幅広く予期していることが明らかになった。特に，大学生では自己変容を肯定する者が多い（田中，2011）にもかかわらず，"変容デメリット"や"維持メリット"の記述も多く得られたことから，自己変容の予期に関して葛藤が存在している可能性が示唆された。

第2節　自己変容の予期に伴う葛藤の学校段階による比較【研究12】

目的

本研究の目的は，自己変容の予期に伴う葛藤について，学校段階による比較によって発達的変化を明らかにすることである。

方法

実施手続きと倫理的配慮　調査は，2013年1-2月に行われた。授業やホームルームの前後を利用して，調査協力者に一斉に質問紙を配布し，その場で回収した。調査は無記名式であり，回答は任意であること，回答を拒否したり中断したりすることができること，回答を拒否したり中断しても調査協力者に不利益は生じないことなどを紙面に明記し，口頭でも伝えた。なお，調査は筑波大学の研究倫理審査委員会の承認を得た上で実施された（課題番号：筑24-73）。

調査協力者　関東地方の2校の公立中学校に在籍している1-3年次の中学生525名（男性271名，女性252名，不明2名；平均年齢13.72歳，$SD = 0.91$），関東地方の1校の公立高校，1校の私立高校に在籍している1-2年次の高校生284名（男性122名，女性162名；平均年齢16.37歳，$SD = 0.60$），関東地方の2校の国立大学，1校の私立大学，1校の専門学校に在籍している1-4年次の大学生・専

門学校生353名（男性162名，女性189名，不明2名；平均年齢20.32歳，$SD = 1.25$）の合計1162名であった。大学生・専門学校生では，大学生がほとんどであったため，以降は専門学校生を含めて"大学生"と呼ぶ。

　調査対象となった高校の進路状況は，進学率が約9割の公立高校と進学率が約5割の私立高校であった。ベネッセが公開している調査対象の3校の大学の偏差値は，高い順に68，55，45であった。そのため，各学校段階において一般的なサンプルが抽出されていると判断し，三つの学校段階の比較による知見の一般化は可能であると判断した。

　調査内容　1．自己変容のメリット・デメリット予期：【研究11】の結果から得られたカテゴリに基づき，"変容メリット"，"変容デメリット"，"維持メリット"，"維持デメリット"について各15-18項目を作成した。作成した項目が各概念を表す項目として，また中学生や高校生が回答可能な項目として妥当かどうかを検討するため，心理学を専攻する大学院生10名を対象に以下の調査を行った。"以下の項目を使用する調査の対象者は，13歳-35歳の男女です。あなたは以下の項目が，次の概念を測定する項目として妥当だと思いますか。概念の定義を参考にして，もっともあてはまると思うものに丸を付けて下さい"という教示のもと，"1．妥当でない-5．妥当である"の5件法で回答を求めた。35歳までを対象に含めた調査も実施予定であったため，このような教示文となっているが，本研究では大学生4年生以降または，25歳以上のデータは含まれていない。概念の定義は，"変容メリット"で"今の自分が変わることに対してメリット（利益）を認知していること"とし，他の三つに関しても同様に定義した。項目内容の妥当性調査の結果，平均得点が4.00以上であった項目を，自己変容のメリット・デメリット予期項目として採用した。さらに，元中学校教員1名と青年心理学を専門とする大学教員1名が項目内容の確認を行った。以上の手続きを経て，最終的に各6-7項目からなる計25項目の自己変容のメリット・デメリット予期項目が作成された。

2．自己変容に対する志向性：【研究1】と同一の5項目を使用し，5件法によって回答を求めた。

3．自己変容の実現：千島・佐藤（2013）で作成された5項目について，項目表現のわかりやすさを重視して一部項目を修正・追加した。"自分は望んだ方向に変われてきていると思う"などの6項目を使用した。

4．自尊感情：【研究1】と同一の山本他（1982）で邦訳された9項目を使用した。

5．内省：佐藤・落合（1995）で作成された15項目を使用した。"自己を振り返る機会の程度"，"自己を見つめる水準の深さの程度"，"自己の否定的な部分を直視するかかわり方の程度"の3下位尺度が想定されているが，本書では1次元の尺度として使用した。

以上の項目について，全て5件法で回答を求めた。また，質問内容の理解度が分析結果に及ぼす影響を排除するため，全ての調査対象者の中から，明らかな回答拒否と判断した者に加え，80％以上を同一番号に回答した者（ほとんどの質問で"3．どちらでもない"を選択しているなど）や，質問紙の感想欄で質問内容の理解ができなかった旨を記入した者に関しては，分析から除外した。

6．デモグラフィック変数：所属，学年，年齢，性別を尋ねた。

結果

各得点の算出　全対象者のデータを合わせて，自己変容のメリット・デメリット予期25項目についてα係数を算出したところ，"変容メリット"でα = .85，"変容デメリット"でα = .57，"維持メリット"でα = .78，"維持デメリット"でα = .85となり，"変容デメリット"以外で十分な内的一貫性が確認された。"変容デメリット"の項目である"自分が変わるためには，無理をする必要がある"と"自分が変わるには，多くのエネルギーが必要だ"の2項目が信頼性を損ねていたため，当該の2項目を除外したところα = .65となり，一定の信頼性が得られた。

Table 8-2-1 自己変容のメリット・デメリット予期項目の確認的因子分析（配置不変モデル）

	自己変容メリット予期 （a =.85 ; 86/82/84）	中	高	大		現状維持メリット予期 （a =.78 ; 78/72/80）	中	高	大
1e	自分が変われば，毎日の生活が充実する。	.78	.79	.78	3c	今の自分のままでいれば，安心だ。	.82	.63	.69
1a	自分が変わることで，理想の自分に近づける。	.78	.72	.73	3d	今の自分のままでいれば，自分を大切にできる。	.62	.61	.70
1c	自分が変わると，自分に自信が持てる。	.75	.70	.71	3c	自分が今のままいれば，安定した生活を送れる。	.61	.48	.61
1d	自分が変われば，今よりも楽しい日々が送れる。	.73	.70	.75	3d	今のままの自分でいることで，自分の価値を実感できる。	.52	.61	.67
1g	自分が変わることで，自分の可能性が広がる。	.59	.68	.67	3b	今の自分のままでいることで，自分らしさを感じる。	.59	.49	.60
1b	自分が変わると，人間関係がうまくいく。	.66	.36	.51	3a	今の自分のままなら，ストレスを感じない。	.54	.50	.54

	自己変容デメリット予期 （a =.65 ; 63/67/67）	中	高	大		現状維持デメリット予期 （a =.85 ; 85/83/86）	中	高	大
2d	自分が変わると，今までしてきたことが無意味になる。	.68	.80	.63	4b	今の自分のままでは，この先が不安だ。	.76	.71	.77
2c	自分が変わると，自分のいいところがなくなってしまう。	.66	.62	.61	4b	今の自分のままいたら，いつか後悔する。	.75	.69	.77
2e	自分が変わると，周りの人に変な目で見られる。	.39	.55	.59	4a	今のままの自分だと，自分がいやになる。	.72	.67	.74
2b	自分が変わることで，つらいことが増える。	.44	.41	.50	4d	今の自分のままでいても，何も得られない。	.62	.67	.68
					4d	今のままの自分でいたら，これ以上成長できない。	.63	.68	.56
					4g	今の自分のままだと，つまらない。	.61	.62	.61
					4c	自分が今のままいると，周りに迷惑をかける。	.56	.45	.60

注1）中：中学生（$n=497$），高：高校生（$n=272$），大：大学生（$n=345$）
注2）a 係数は，全体：中学生/高校生/大学生の順で並んでいる。
注3）項目前の記号は，【研究11】で得られたカテゴリを表している。
　　1a：自己の成長，1b：対人関係の構築，1c：自信の獲得，1d：楽しさの増加
　　1e：生活の充実，1g：視野の広がり
　　2b：ストレスの増加，2c：自己喪失，2d：意図しない変容，2e：対人関係の悪化
　　3a：気楽さ，3b：自分らしさの維持，3c：安定・安心，3d：自己価値の向上
　　4a：自己否定の増加，4b：不安の増加，4c：対人関係の悪化，4d：成長のなさ，4g：刺激のなさ
注4）項目の後の数値は，学校段階ごとの因子負荷量を表している。

Table 8-2-2　多母集団同時分析におけるモデル適合度

	χ^2	df	GFI	AGFI	CFI	RMSEA	AIC
配置不変モデル	2000.78***	672	.86	.82	.86	.04	2312.78
弱測定不変モデル	2144.33***	730	.85	.83	.85	.04	2340.33
強測定不変モデル	2360.10***	776	.84	.83	.84	.04	2464.10

　次に，各学校段階で自己変容のメリット・デメリット予期の4得点が同一の下位概念として仮定できるのかを確認するため，全データを用いて多母集団同時分析による確認的因子分析を行った（Table 8-2-1）。

　確認的因子分析に当たって，自己変容のメリット・デメリット予期項目すべてに欠損のない1114名（中学生497名，高校生272名，大学生345名）のデータを使用した。学校段階間で同様のモデル構造が成立しているかどうかを確かめるために，配置不変モデルの確認的因子分析を行った（Table 8-2-2）。また，因子構造のみが不変であるかどうかを検証するため，弱測定不変モデル，強測定不変モデルとの比較も行った。弱測定不変モデルでは，因子間相関と因子負荷量に等値制約を施し，強測定不変モデルでは，因子間相関，因子負荷量，観測変数の誤差分散に等値制約を施した。モデル比較に使用されるAIC指標は，配置不変モデルで最も低く，三つのモデルのうち最もあてはまりが良いことが示された。いずれのモデルもGFIやAGFIの値が十分ではないが，この結果はモデルの観測変数の多さに起因すると考えられる。一方，観測変数の多さに影響を受けないRMSEAはいずれも.05を下回っており，モデルの適合は十分であると判断した。

　続いて，自己変容に対する志向性項目，自己変容の実現項目について，全対象者のデータを用いてそれぞれ主成分分析を行った結果，全ての項目で1次元構造が認められた。そこで，第1主成分に.40以上の負荷量を示した項目の得点の平均値を算出し，得点化を行った。ただ，自尊感情項目については，学校段階ごとに主成分分析を行ったところ，"自分に対して肯定的である"と"もっと自分自身を尊敬できるようになりたい"の2項目が，中学生

と高校生で第1主成分負荷量が著しく低かったため，同様の結果が得られている伊藤（2001）を参考に，全学校段階で当該の2項目を除外した8項目によって得点化を行った。学校段階ごとのα係数は，学校段階順に自己変容に対する志向性で，$α = .85$，.80，.86，自己変容の実現で$α = .82$，.83，.88であった。

葛藤群の抽出と学校段階による割合の比較 自己変容の予期に伴う葛藤を持つ群の存在や割合を明らかにするために，自己変容のメリット・デメリット予期の4得点を標準化し，K-means法による非階層クラスタ分析を行った。クラスタを二つから六つに設定して分析を重ねた結果，クラスタの解釈可能性から，5クラスタが妥当であると判断した（Figure 8-2-1）。クラスタ1は，"変容メリット"得点と"維持デメリット"得点が高いため，"自己変容メリット予期群"と命名した。クラスタ2は，クラスタ1と対称的に，"変容デメリット"得点と"維持メリット"得点が高いため，"現状維持メリット予期群"と命名した。クラスタ3は，全ての得点が低いため，"予期低群"と命名した。クラスタ4は，全ての得点が平均値以上であったが，特に"変容デメリット"得点と"維持デメリット"得点が高く，自己変容と現

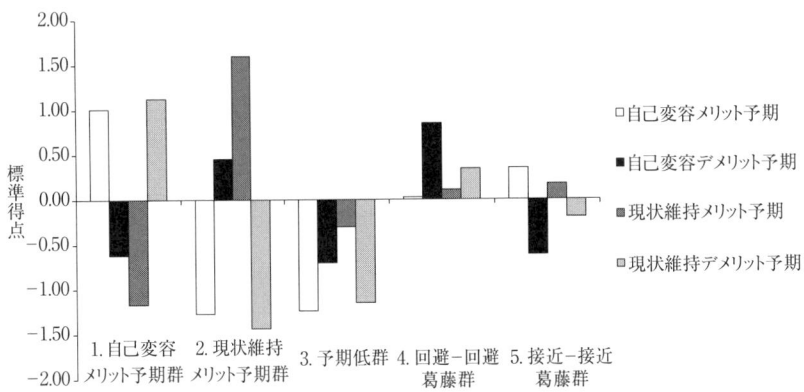

Figure 8-2-1　自己変容のメリット・デメリット予期の4得点における非階層クラスタ分析

Table 8-2-3 学校段階と自己変容の予期5群の割合

		1. 自己変容メリット予期群	2. 現状維持メリット予期群	3. 予期低群	4. 回避-回避葛藤群	5. 接近-接近葛藤群
中学生	n	72	77	86	166	96
	%	14.49	15.49	17.30	33.40	19.32
	Adj	-3.53	4.15	5.56	-0.67	-3.21
高校生	n	60	12	17	126	57
	%	22.06	4.41	6.25	46.32	20.96
	Adj	1.42	-4.05	-3.07	4.73	-1.30
大学生	n	81	35	24	92	113
	%	23.48	10.14	6.96	26.67	32.75
	Adj	2.48	-0.70	-3.13	-3.67	4.65
合計	n	213	124	127	384	266
	%	19.12	11.13	11.40	34.47	23.88

注1）調整済み残差が1.96以上のセルを実線で囲い，1.96未満のセルを点線で囲んだ。
注2）$^{*}p<.05$, $^{**}p<.01$, $^{***}p<.001$

状維持について双方のデメリットを強く予期しているため，"回避-回避葛藤群"と命名した。クラスタ5は，"変容メリット"得点と"維持メリット"得点が高く，双方のメリットを強く予期しているため，"接近-接近葛藤群"と命名した。葛藤群の命名は，Miller & Rollnick（2002）を参考にした。

次に，学校段階とクラスタ分析で抽出された5群（以降，"自己変容の予期5群"と呼ぶ）に連関があるかどうかを検討するために，χ^2検定を行った（Table 8-2-3）。その結果，有意な連関が示され（$\chi^2=91.60$, $df=8$, $p<.001$, $V=.20$），残差分析を行ったところ，中学生では，"予期低群"と"現状維持メリット予期群"，高校生では，"回避-回避葛藤群"，大学生では，"自己変容メリット予期群"と"接近-接近葛藤群"の出現率が高いことが示された。

学校段階と自己変容の予期5群による各得点の比較　学校段階と自己変容の予期を要因とした各得点の二要因分散分析を行った。分析の結果，交互作用が一部有意であったが，交互作用の検討を主たる目的とはしていないことと，いずれの交互作用も効果量が小さいことを踏まえ，本文では全ての従属

Table 8-2-4 学校段階と自己変容の予期5群を要因とした各得点の二要因分散分析

		自己変容の予期5群					学校段階の主効果		5群の主効果		交互作用	
		1	2	3	4	5	F値	η^2	F値	η^2	F値	η^2
自己変容に対する志向性	中	4.21 (0.62)	2.12 (0.86)	2.68 (0.68)	3.12 (0.66)	3.28 (0.64)	2.47 $df=2, 1059$	.00	157.63*** $df=4, 1059$ 中:2<3<4,5<1	.32	2.14* $df=8, 1059$ 高:2<3<4,5<1 高:2,3,4,5<1 大:2<3,4,5<1 4:中<高	.01
	高	4.14 (0.62)	2.40 (0.55)	2.65 (0.76)	3.40 (0.56)	3.35 (0.59)						
	大	4.04 (0.59)	1.92 (0.54)	2.75 (0.56)	3.31 (0.67)	3.15 (0.60)						
自己変容の実現	中	2.62 (0.86)	3.46 (0.78)	3.10 (0.69)	2.87 (0.60)	3.08 (0.73)	8.87*** $df=2, 1087$ 高<中, 大	.01	30.91*** $df=4, 1087$ 1,4<2,3,5	.10	2.38* $df=8, 1087$ 中:1<3,5<2; 4<2 高:1<2,5 大:1,4<2,3,5 4:大<中; 5:高<大	.01
	高	2.41 (0.92)	3.07 (0.53)	2.95 (0.29)	2.68 (0.60)	2.89 (0.63)						
	大	2.69 (0.89)	3.57 (0.80)	3.38 (0.67)	2.63 (0.63)	3.32 (0.66)						
自尊感情	中	2.33 (0.89)	3.54 (0.79)	3.24 (0.74)	2.78 (0.59)	3.14 (0.58)	16.78*** $df=2, 1086$ 高<中<大	.02	72.96*** $df=4, 1086$ 1<4<5<2 1,4<3	.19	2.05* $df=8, 1086$ 中:1<4<3,5<2 高:1<4<2,5; 1<3 大:1,4<5<2; 1,4<3 1, 2, 5:中, 高<大	.01
	高	2.18 (0.76)	3.25 (0.51)	3.13 (0.75)	2.65 (0.56)	3.01 (0.60)						
	大	2.61 (0.74)	4.00 (0.65)	3.51 (0.81)	2.72 (0.63)	3.38 (0.63)						
内省	中	3.42 (0.60)	3.39 (0.53)	3.38 (0.50)	3.13 (0.52)	3.46 (0.50)	36.42*** $df=2, 1063$ 中, 高<大	.06	21.44*** $df=4, 1063$ 4<1,2,3,5	.07	0.76 $df=8, 1063$	.00
	高	3.55 (0.59)	3.50 (0.47)	3.50 (0.52)	3.21 (0.48)	3.47 (0.46)						
	大	3.79 (0.60)	3.93 (0.62)	3.72 (0.57)	3.38 (0.61)	3.81 (0.52)						

注1) 中:中学生, 高:高校生, 大:大学生
注2) 1:自己変容メリット予期群, 2:現状維持メリット予期群, 3:予期低群, 4:回避-回避葛藤群, 5:接近-接近葛藤群
注3) 多重比較(Bonferroni法, 5%水準)の結果を, F値の下段に示した。
注4) *$p<.05$, ***$p<.001$

変数について,各要因の主効果の結果を報告する。自己変容に対する志向性得点は,自己変容の予期の主効果が有意であった。多重比較の結果,"自己変容メリット予期群"で他の全ての群よりも得点が高く,"現状維持メリット予期群"で他の全ての群よりも得点が低かった。自己変容の実現得点は,学校段階と自己変容の予期の主効果が有意であった。多重比較の結果を併せて,Table 8-2-4に示した。

考察

学校段階ごとの違い　χ^2検定によって,自己変容の予期5群は,学校段階ごとに出現率が有意に異なることが明らかになった。以下,学校段階ごとに二要因分散分析の結果も踏まえて考察を行う。中学生は,χ^2検定によって"予期低群"と"現状維持メリット予期群"の割合が多いことが明らかになった。二要因分散分析では,両群で共通した結果が多く見られる。すなわち,両群は他の群よりも自己変容に対する志向性が低く,自尊感情が高かった。また,中学生と高校生は大学生よりも内省の得点が低かった。これらの結果から,中学生は,内省の程度が低いことが,自己変容の予期に伴う葛藤が生じにくいことと関連しているという予測は支持された。また,結果からは,中学生が自分自身を見つめる機会が少なく,現在の自分のままでいることにあまり問題を感じていないことが推察される。そのため,自己変容や現状維持のメリットやデメリットについて予期することが少ない"予期低群"や現状維持に対してポジティブな予期をする"現状維持メリット予期群"の割合が多かったと考えられる。中間（2007）は,"'自分を変えたい'という思いには,現実の自己を客体化してとらえ,それを他者の目,自らの理想,あるいは社会的規範など何らかの基準に照らして位置づけられることを前提とする（pp. 69）"と述べている。つまり,中学生の段階では,中学生が自己を客体的に意識する傾向（堤,1982）が弱いことが自己変容に関する予期が低いことと関連していると考えられる。

高校生は,伊藤（2001）や岡田・永井（1990）の先行研究と同様,他の学校段階に比べて自尊感情の得点が低かった。また,χ^2検定によって,今のままでは良くないという思いを持ちつつも,変わることのデメリットも予期している状態である"回避-回避葛藤群"の割合が多いことが示された。"回避-回避葛藤群"は,他の群に比べて内省得点が最も低く,自己変容の実現得点,自尊感情得点も"現状維持メリット予期群"と"予期低群"と"接近-接近葛藤群"に比べて低かった。高校生は現在の自分を肯定できていない

一方で，未来に対しても肯定的なイメージを持ちにくい（白井，1997）ため，この先自分が変わっていくことに対しても不利益を意識しやすいことが考えられる。さらに，高校生や"回避-回避葛藤群"において自己変容の実現得点が比較的低いことから，回避-回避葛藤が自己の主体的な変容を妨げている可能性が考えられる。すなわち，自己変容についても現状維持についても損失ばかりに着目するジレンマの状態に陥っているため，このままではいけないと思いつつも自己変容の実現への見通しが立ちにくくなっていることが推察される。

　大学生は，先行研究と同様にそれ以前の学校段階に比べて，自尊感情や内省の得点が高かった。χ^2検定の結果では，"自己変容メリット予期群"と"接近-接近葛藤群"の割合が多かったが，ここでは残差分析の結果，特に割合が多かった"接近-接近葛藤群"に着目して考察を行う。"接近-接近葛藤群"は，"自己変容メリット予期群"とは異なり，"変容メリット"得点だけでなく，"維持メリット"得点も高いことが特徴であり，分散分析の結果，"接近-接近葛藤群"は，"自己変容メリット予期群"と"回避-回避葛藤群"と比べて自尊感情の得点が高いことが示された。これらの結果から，大学生では自尊感情が上昇するにつれて，現状維持へのメリットの予期が高くなるという予測は支持された。また，"接近-接近葛藤群"において自尊感情が高いことを踏まえると，この群にある青年が葛藤に苦しんでいるというよりは，自己変容と現状維持の双方のメリットを十分に認知しており，両方の価値を受け容れていると捉えるべきであろう。すなわち，【研究10】において抽出された"両価的評価"は，本研究における"接近-接近葛藤"に対応していると考えられる。日潟・齊藤（2007）は，未来に対して快を感じるような出来事も不快を感じるような出来事も想起できる現実的な認知を持つことが，精神的に安定した状態での未来展望を可能にすることを示しており，変わることも変わらないことも両方を評価できるようになることは，自己変容に関する意識が発達していることを意味するといえる。また，現在の自己を

この先も維持することにメリットを予期するということは，連続性の感覚を有していることの表れであるとも考えられる（Erikson, 1959）。

回避−回避葛藤群の特徴　分散分析の結果，自己変容の実現得点は，"自己変容メリット予期群"と"回避−回避葛藤群"で他の群よりも得点が低いことが示された。ゆえに，自己変容の予期に伴う葛藤が自己変容の実現を妨げているという予測は，部分的に支持された。また，変数の特徴や関連から判断して，本研究における"回避−回避葛藤"は【研究10】で抽出された"不安・葛藤"に対応していると考えられる。"自己変容メリット予期群"では自尊感情が特に低く，"回避−回避葛藤群"では内省得点が特に低い。これらのことから，現在の自分を肯定できないことや，深い自己内省が行われていないことが自己変容の実現を抑制する要因であることが推察される。特に，高校生に多い"回避−回避葛藤群"では，自己に対して否定的であるだけでなく，内省が十分になされていないことが示された。佐藤・落合（1995）や髙坂（2009）は，青年期では年齢の上昇に伴って，自己の否定性を直視することへの抵抗が弱まることで，自己嫌悪感や劣等感が解消されていくことを示している。本研究においても同様に，内省水準を深め，自分の嫌な部分に向き合い，現在の自己を引き受けることが，回避−回避葛藤の解消や自己変容の契機になりうると考えられる。

第3節　本章のまとめ

本章の目的は，自己変容に対する志向性を持ちながら，自己変容の実現がなされにくい原因の一つとして自己変容の予期に伴う葛藤に着目し，学校段階による比較から葛藤の特徴を明らかにすることであった。葛藤に関しては，【研究9・10】で抽出された内容について，動機づけ面接の理論から解釈することを試みた。【研究11】では，自己変容や現状維持に対して，どのようなメリットやデメリットを予期しているかが探索的に明らかにされ，葛

藤の存在が示唆された。【研究12】では，学校段階による比較から，葛藤の特徴について検討された。1％水準の有意差を取り上げるならば，中学生は，自己変容のメリットやデメリットについてあまり予期していない"予期低群"や，現状維持のメリットを予期している"現状維持メリット予期群"の出現率が多かった。高校生は，今のままの自分でいることのデメリットを予期しつつも，変わることの損失も予期している"回避-回避葛藤群"の出現率が多かった。大学生は，変わることと今のままでいることの両方にメリットを予期している"接近-接近葛藤群"の割合が多かった。これらの結果から，自己変容の予期に伴う葛藤のあり方は，発達的に変化することが示された。すなわち，自己変容や現状維持に関して，どちらにも良い面があると認識するという方向に変化することが示され，これらの発達的変化は，自尊感情の向上や内省の深化などによってもたらされていることが考えられた。

　変数の特徴や他の変数との関連から判断すると，【研究10】における"不安・葛藤"は，【研究12】における"回避-回避葛藤"に対応しており，【研究10】における"両価的評価"は，【研究12】における"接近-接近葛藤"に対応していることが示唆された。ここから，【研究10】において二つに分かれた葛藤は，動機づけ面接の理論によって整理できることが示された。

第Ⅲ部

総　　括

第9章　総合考察

第1節　実証的検討で得られた知見の整理

　本研究の目的は，青年期における自己変容に対する志向性に関して，個人差と発達的変化を明らかにすることであった。具体的には，"なぜ自分を変えたいと思うのか"，"理想とする自分があるのか"，"変わることをどのように思っているのか"，という三つの問いに基づいて，学校段階による比較を含めながら検討を行った。

　以下では，実証的検討によって得られた主な知見を整理する。ここでは特に，研究間で一貫している結果を重点的に取り上げることとする。また，【研究5・8・12】における学校段階の比較によって有意差が示された結果については，発達的変化としてまとめて示す。

青年期に顕著な自己変容に対する志向性

　三つの問いを検討する際の前提となる研究として，【研究1】では，青年期において，自己変容への意識が顕著であるのかどうかを明らかにするために，青年期から老年期までを対象とした調査を行った。その結果，自己変容に対する志向性は，青年期において高得点を示しており，加齢に伴って低下することが示された。また，その変化は自尊感情の上昇や自己変容への関心の低下と関連していることが明らかにされた。ここから，青年期を対象として，自己変容に対する志向性を検討する必要性が確認されたといえる。

自己変容に対する志向性の諸側面

　青年は"なぜ自分を変えたいと思うのか"という問いに基づいた検討を行った。【研究2】では，自由記述調査によって大学生が自己変容を志向す

る理由が11カテゴリ抽出された。さらに，【研究3・4】では，【研究2】に基づいて項目が作成され，自己変容に対する志向性は因子分析によって9側面に分類された。【研究3・4】を通じて，今の自分を変えたいという気持ちは，全体的に自分自身に対して肯定的な評価をしておらず，自分のあり方を模索しているモラトリアム地位の者において高いことが明らかにされた。すなわち，今の自分を変えたいという気持ちは，青年期におけるアイデンティティの模索過程で生じることが示唆された。【研究5】では，自己変容に対する志向性の8側面が取り上げられ，学校段階を通じた因子構造の等質性が確認された。

理想自己を伴う自己変容に対する志向性

　次に，"自己変容を志向する際に，理想とする自分があるのか"という問いに基づいた検討を行った。すなわち，今の自分（現実自己）だけでなく，目指すべき自分（理想自己）が伴っているかどうかという点に着目し，双方を同時に尋ねた。また，【研究3】において，自己変容に対する志向性はアイデンティティを確立していない者において顕著であることが示されたため，【研究6・7・8】では，どのような場合にアイデンティティ形成や進路課題への自信が促進されるのかについても検討が行われた。【研究6・7・8】を通じて，アイデンティティ形成や進路課題への自信に影響を及ぼすのは，理想自己に変わった姿をイメージすることや理想自己への変容のための計画を持つことであることが明らかにされた。また，【研究7】では，理想自己を伴って変容を想起することで，何も想起しない場合よりも反芻的探求が抑制されることが示唆された。

自己変容の捉え方と葛藤

　続いて，青年は"変わることをどのように思っているのか"という問いに基づいて，【研究9】で自由記述式の調査が行われ，5カテゴリが得られた。【研究10】では，その結果に基づいて項目が作成され，因子分析の結果五つの因子が抽出された。心理的適応や自己変容の実現との関連を検討した

結果，自己変容が困難であると思っており，変わることに不安や葛藤を抱えているほど，自尊感情が低く，自己変容が実現されていないことが明らかにされた。特に，"葛藤"の項目として作成された項目は，因子分析によって"不安・葛藤"と"両価的評価"に弁別され，異なる関連を示したため，【研究11・12】では，葛藤に関して詳細に検討することとした。【研究11】では，葛藤を扱った先行研究に基づいて，自己変容と現状維持に関して，メリットやデメリットを尋ねるバランスシート作成し，自由記述を収集した。自己変容を肯定する者が多い一方で，"変容デメリット"や"維持メリット"の記述も多く得られたことから，自分が変わることに対して葛藤が存在している可能性が示唆された。【研究12】では，【研究11】の結果に基づいて，自己変容のメリット・デメリット予期の項目が作成され，クラスタ分析によって5群が抽出された。葛藤群の間の差異に着目すると，回避–回避葛藤群は，接近–接近葛藤群よりも自己変容の実現，自尊感情，内省の得点が低かった。

　これらの主な結果について，Table 9-1-1にまとめた。以上の結果を，青年の人格形成や心理的適応の観点からまとめると，自己変容を望む際には，現在の自己のみに注目して否定するのではなく，理想とする自分をイメージして計画的に取り組むとともに，自分の中にある葛藤を理解することが重要である。特に，変わっていくことでもたらされる利益だけでなく，今のままの自分にも良い面があることに気付き，受容できるようになることで，心理的適応を保つことが可能となると考えられる。"今の私"，"今のままの私"，"理想の私"の三つの自己から整理した図をFigure 9-1-1に示した。

自己変容に対する志向性の発達的変化

　【研究5・8・12】では，いずれも中学生，高校生，大学生（専門学校生を含む）の比較を行っているため，以下ではそれらの知見を整理し，青年期における自己変容に対する志向性の発達的変化について統合的な議論を行う。【研究5】では，中学生の段階では，空想的な自己変容を望みやすく，高校

Table 9-1-1 得られた知見の整理（学校段階の比較によって有意差が示された結果を除く）

			有意な関連や有意差			
		自己変容に関する変数や結果	アイデンティティ地位 アイデンティティ形成	自尊感情	未来焦点 進路課題自信 将来展望	自己変容の実現
第4章	【研究1】	志向性 1次元		志向性は負の関連		
第5章	【研究2】	変容を志向する理由 11カテゴリ				
	【研究3】	志向性の諸側面 9因子	志向性は全体的にモラトリアム地位で高い			
	【研究4】	志向性の諸側面 9因子		志向性は全体的に負の関連		
	【研究5】	志向性の諸側面 8因子				
第6章	【研究6】	現実・理想自己 各1次元	理想自己への変容に関するイメージ・計画性は正の関連			
	【研究7】	現実・理想自己 各1次元	理想自己への変容に関するイメージ・計画性は正の関連			
	【研究8】	現実・理想自己 各1次元			理想自己への変容に関するイメージ・計画性は正の関連	
第7章	【研究9】	自己変容の捉え方 5カテゴリ				
	【研究10】	自己変容の捉え方 5因子		困難は負の関連 不安・葛藤は負の関連 両価的評価は正の関連	困難は負の関連 不安・葛藤は負の関連	困難は負の関連 不安・葛藤は負の関連 両価的評価は正の関連
第8章	【研究11】	自己変容の予期 4枠				
	【研究12】	自己変容の予期 5群		回避-回避葛藤群で低い 接近-接近葛藤群で高い		回避-回避葛藤群で低い 接近-接近葛藤群で高い

注1）【研究1】の自己変容への関心と，【研究12】の内省については，他の研究と重複していないため割愛した。

注2）【研究12】では，葛藤群の間の差異に着目して結果を示している。

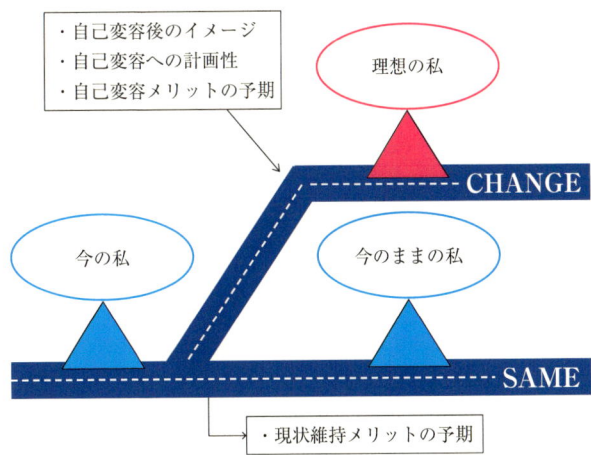

Figure 9-1-1　人格形成や心理的適応を促進する自己変容に対する志向性のあり方

生はやや過去焦点的な志向性の得点が高かった。そして，大学生は，将来焦点的で，現実的な自己変容を望みやすいことが明らかにされた。【研究8】では，中学生では自己変容に対する志向性を持たない者や，変えたい現実自己が思いつかない者の割合が多く，大学生においては変えたい現実自己は明確でありながら目指すべき理想自己が思いつかない者や，理想自己が明確な者の割合が多いことが明らかにされた。【研究12】では中学生は，自己変容

Table 9-1-2　学校段階の比較によって有意差が示された知見の整理

	中学生	高校生	大学生
【研究5】	空想的な自己変容を望む	過去焦点的な自己変容を望む	現実的・将来焦点的な自己変容を望む
【研究8】	現実自己・理想自己が具体的でない	－	現実自己・理想自己が具体的
【研究12】	自己変容・現状維持に関心が低い	自己変容・現状維持のデメリットを予期	自己変容・現状維持のメリットを予期

注）－は，他の学校段階との有意差が示されなかったことを意味する。

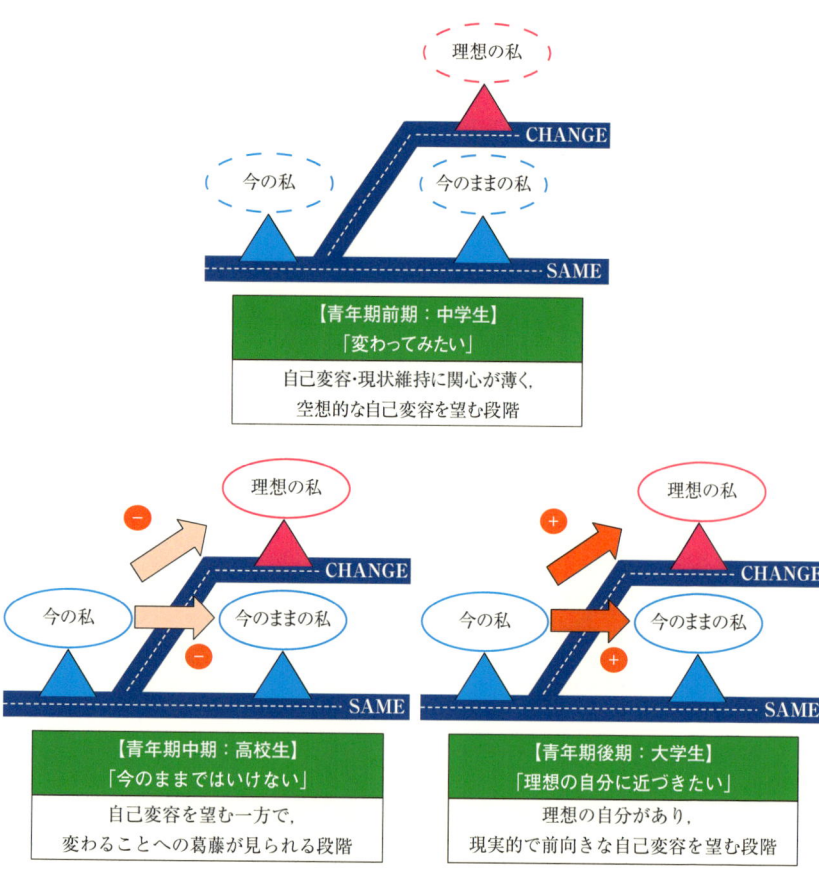

Figure 9-1-2 自己変容に対する志向性の発達的変化

注） は，具体性のなさを表す。
　　 は，メリットの予期を表す。
　　 は，デメリットの予期を表す。

のメリットやデメリットについてあまり予期していない"予期低群"と現在の自分を維持することのメリットを予期する"現状維持メリット予期群"の出現率が多かった。高校生は，今のままの自分でいることのデメリットを予期しつつも，変わることの損失も予期している"回避-回避葛藤群"の出現率が多かった。大学生は，変わることと今のままでいることの両方のメリットを予期している"接近-接近葛藤群"の割合が特に多かった。

以上の学校段階の比較によって有意差が示された知見を整理した表をTable 9-1-2に示した。また，"今の私"，"今のままの私"，"理想の私"の三つの自己から整理した図をFigure 9-1-2に示した。青年期前期（中学生）は，"変わってみたい"という言葉で表現されるような，自己変容への関心が薄く，空想的な変容を望む段階にあることが考えられる。そして，青年期中期（高校生）は，"今のままではいけない"という言葉で表現されるような，自己変容を望む一方で，変わることへの葛藤が見られる段階にあることが考えられる。さらに，青年期後期（大学生）は，"理想の自分に近づきたい"という言葉で表現されるような，理想の自分に向かって，現実的な変容を望む段階にあることが考えられる。以上をまとめると，青年期において，変容を空想する段階から，今の自分の否定性に直面し，そこからの脱却を望む中で，次第に理想の自分に向けて現実的な変容を目指す段階へと発達的に変化することが示唆された。

第2節　本研究の学術的貢献

これまでの先行研究では，主体的に自己を形成しようとする志向性（畠瀬，2000; 梶田，1988; 水間，2003）や，自己変容へ向けた積極的な態度（Robitschek et al., 2012）の重要性が説かれてきたが，"今の自分を変えたいという気持ち"について直接的に取り上げた研究は数少なかった。その中でも本研究は，青年の自己変容に対する志向性を，多角的な視点によって実証的

に明らかにした点において新規性を有していると考えられる。特に，アイデンティティ形成や自尊感情などとの関連を検討したことによって，どのように自己変容を志向することが，人格形成や心理的適応にとって望ましいかを示すことが可能となった。

また，【研究1】では，自己変容に対する志向性が青年期に顕著に表れることを，他の年代との比較によって実証的に明らかにしたことは，本書の資料的価値を高めていると考えられる。【研究6】と【研究7】では，これまで別々に行われてきた現実自己を改善したいという志向性（Kicolt & Mabry, 2000; 水間, 2003）と，理想自己に近づこうとする志向性（水間, 2004; 山田, 2004）に関して，自己変容という観点から統合的な理解を試みた。理想自己の研究は，これまで理想自己と現実のズレに着目した研究がほとんどであったが（e.g. Higgins, 1987），新たなアプローチから両者を捉えることを可能にした。その上で，理想自己を伴って変容を志向することの肯定的意義を明らかにした。さらに，【研究9・10・11・12】では，先行理論で論じられてきた自己変容の予期に伴う葛藤（Miller & Rollnick, 2002）について，その存在と特徴について実証的に明らかにした。これらの点は，これまでの理論的研究を進展させ，新たな知見を提供したと考えられる。

第3節　教育的・臨床的支援への提言

これまで，変わりたい気持ちを持ちつつも変われずに悩む青年の存在が指摘されてきた（成田, 2006; Polivy & Herman, 2002）が，その心理状態や関連要因に関しては実証的に明らかにされてこなかった。本研究によって，人格形成の途上にある青年の"今の自分を変えたい"という言葉には，現在の自己を否定しながらもそこからの脱却を目指して成長しようとする意識が表れていることが，理解可能となったと考えられる。また，そのような青年に対する教育的支援の方向性として，本研究の知見に基づいて次の三点が考えられ

る。

　第一に，理想自己への注意を促すことである。【研究6・7・8】より，今の自分が持っている欠点を責めるのでなく，将来に目を向けて，今の自分をどのように改善したいかを明確にすることが，アイデンティティや進路意識の形成にとって重要であることが示された。そのため，教育的支援として，まずは否定的な現実自己への注意を解放し，将来の望ましい自分に目を向けるように促すことが重要であると考えられる。Meevissen et al. (2011)，Layous et al. (2012)，Peters et al. (2010) においても，最も望ましい可能自己になった姿をイメージすることで，ポジティブ感情，ポジティブな未来予期，楽観主義の向上に効果があることが実証されている。また，望ましい将来に目を向けるという作業は，解決志向ブリーフセラピーにおいても重要視されていることである（森・黒澤，2002）。特に，黒澤（2008）ではタイムマシン心理療法が紹介されており，現在の自分について原因を探るのでなく，将来の望ましい自分をはっきりとイメージし，将来の自分から現在の自分を振り返ることが，治療的にも成長促進的にも効果があることを指摘している。本研究において行った否定的な現実自己だけでなく，肯定的な理想自己に目を向けるという作業は，臨床的な技法にも通じる発想であり，教育的支援として有用であると考えられる。

　第二に，自己変容を進めるための現実的な筋道を吟味することである。【研究3・4】において，"今とはまったく別の自分に変わりたい"といった非現実的な内容である全面変容志向は，特にモラトリアム地位で高く，自尊感情と負の関連が示された。同様に，【研究10】において，自己変容に過度な期待を持つことは，現在の充実感と負の関連があることが示された。さらに，【研究6・7・8】では，理想自己に変わるための計画性が，アイデンティティ形成や進路課題の自信に重要な役割を果たしていることが明らかにされた。これらをまとめると，自己変容を望む際には，現実的な理想に向かって計画的な取り組みを行うことが必要であることが窺える。このこと

は，非現実的な期待によって自己変容への取り組みが抑制されるというPolivy & Herman（2002）の指摘や，可能自己を持っているだけでなく，その実現に向けた妥当な方略が伴うことで初めてパフォーマンスに影響するというOyserman et al.（2004）の指摘を支持している。また，臨床的な事例研究では成田（2006）において，"自分をガラリと変えたい"，"このままじゃいけない"と訴え，別人のように生まれ変わりたいと願い続けた女子大学生の臨床事例が報告されている。"どんなふうに変わりたいか"という問いに対して，"全部"としか答えられなかった段階から，自らの"今まで"と"これから"をつなぐ作業によって，"良い面も悪い面も持ち合わせている自分"を見つけ出し，それに伴ってなりたい自分が具体化していくまでのプロセスが報告されている。以上のように，自己変容の現実性や具体性に焦点を当てた支援を行うことが重要なポイントであると考えられる。

　第三に，自分の中にある不安や葛藤を理解することである。【研究9】では，自己変容の捉え方の一つとして葛藤が抽出された。【研究10】では，それらが不安・葛藤と両価的評価に分かれ，両者は心理的適応や自己変容の実現との関連が異なっていた。同様に，【研究12】では，回避-回避葛藤群と接近-接近葛藤群が抽出され，自尊感情や自己変容の実現との関連が異なっていた。すなわち，自己変容に対して，どのような葛藤を抱えており，何が変容へのブレーキになっているのかを，理解する必要がある。その際の支援の方向性としては，動機づけ面接（Miller & Rollnick, 2002）で提唱されているような，"あなたが今のままでいるとどのようなことが起こるでしょうか"といった開かれた質問をすることで，現状維持の利益や不利益について，自らが認識できるような働きかけが有効であると考えられる。臨床的な事例研究としても，山内（2011）によって自分の中にある葛藤を否認せずに，ありのまま引き受けることで，生きることへの主体性を取り戻した青年との面接過程が報告されている。

　以上のように，本研究では青年自身や青年と関わる者にとって，有用な知

変わった先にあるものは…?
～「新しい私」への一歩を踏み出そう～

【説明】
　このワークは、「変わりたい」「今の自分のままじゃ嫌だ」などと思っている人を、サポートするためのものです。
　正解はありませんので、自分なりの言葉で書いてください。このワークをきっかけにして、「新しい私」への第一歩を踏み出してみましょう。

STEP1　変えたい部分を具体的にする。
STEP2　自分の中の葛藤を理解する。
STEP3　理想を見つけ、方針を考える。

STEP1 自分のどんな部分を変えたいのか、具体的にしましょう。
Q1. あなたは、自分自身の中にどのような"良い部分"や"変えた方がよい部分"があると思いますか？それぞれ、3つずつ書き出してみてください。
自分の能力・性格・外見など、どんな内容でもかまいません。

【良い部分】
-
-
-

【変えた方がよい部分】
-
-
-

Q2. 上のQ1で書いた"変えた方がよい部分"の中で、あなたにとって最も重要なのはどれですか？1つだけ選んで、"＿＿＿＿な自分"、"＿＿＿＿する自分"のような書き方で、具体的に書いてください。

- 現在、私は"＿＿＿＿＿＿＿＿＿＿＿＿＿＿＿＿自分"を変えたいと思っています。

Figure 9-2-1　教育実践活動で活用できるワークシート

STEP2 自分の中にある「葛藤」を理解しましょう。
Q3. STEP1のQ2で書いた内容について，お尋ねします。
その自分のままでいるとどんなことが起こるでしょうか？
損すること(デメリット)だけでなく，今のままの自分でいることで得すること(メリット)も
あるかもしれません。メリットとデメリットを，それぞれ3つ書いてみましょう。

【デメリット（不利益）】

・今の自分のままでいることで，
「困ること」があるとしたら何でしょうか？
● _____
● _____
● _____

VS

【メリット（利益）】

・今の自分のままでいることで，
「良いこと」があるとしたら何でしょうか？
● _____
● _____
● _____

Q4. 上のQ3で書いたメリットとデメリットを比べると，どのようなことがわかりますか？自分の中で気付いたことや，考えたことを，書いてみてください。

_____
_____
_____
_____

STEP3 「なりたい私」を具体的にしましょう。
Q5. あなたは，今の自分を，"どのような自分に変えたい"と思っていますか？
STEP1のQ2書いた内容に対応させる形で，具体的に書いてください。

●私は " ___STEP1のQ2で書いた内容___ 自分" を，

この先，" _____ 自分" に変えたいと思っています。

→ なりたい私

Figure 9-2-1　教育実践活動で活用できるワークシート（続き）

Q6. もしあなたが「なりたい私」に変わったら，あなたの生活はどのように変化しますか？できるだけ具体的にイメージしてみましょう。

Q7.「なりたい私」に変わるために，今からできることは何かありますか？たくさん書き出して，これからの計画を考えてみましょう。

最後に，今の自分に向かって，励ましの言葉や，温かいメッセージを送りましょう。自分のことを否定したり，けなしたりするのではなく，親友を思いやるように，自分に思いやりのある言葉をかけてみてください。

●今の私へ

Figure 9-2-1 教育実践活動で活用できるワークシート（続き）

見が提供されたと考えられる。本書で得られた知見を実践に生かすために，学校現場における教育実践活動で使用できるワークシートを作成した (Figure 9-2-1)。このワークシートの対象は，中学生・高校生・大学生であり，今の自分を変えたいという気持ちを持っている者をサポートするために，本書の結果に基づいて，三つのSTEPに沿って質問が設定されている。STEP1とSTEP3は，【研究2・6・7・8】の内容であり，STEP2は，【研究11・12】の内容が盛り込まれている。Shepard & Quressette (2010) は，可能自己を抽出し，それを実現するための道筋を記入させる"possible self map"というワークシートを作成しており，本ワークシートを作成する際に参考にした。最後の"現在の私"に対して，肯定的なメッセージを書く課題は，Breines & Chen (2012) の自己への思いやりが自己改善の動機や行動を促進させるという知見に基づいている。今後は，本ワークシートを用いた教育実践の効果測定を行うことで，ワークシートの有用性を検討していくことも課題の一つである。

第4節　本研究の限界と今後の展望

本書の限界

　本書の限界を以下に四点述べる。第一に，本書で対象となった年代やサンプル層が限定的である点である。【研究1】では，15歳の高校生から69歳の高齢者までを対象に，自己変容への志向性の発達を検討したが，小学生や中学生にあたる年齢群は比較的自尊感情が高いことや，70代以降の高齢者の自尊感情は低いことが明らかにされている (Orth et al., 2012; Orth et al., 2015; Robins et al., 2002)。そのため，自己変容への意識の生涯発達を検討する際にも，児童期や老年期まで対象を広げて検討する必要がある。また，【研究1】では大学・短大・専門学校に進学を希望しない者，在籍していない者，過去に在籍していなかった者を対象に含めなかったため，比較的教育水準が

高い者が対象となった可能性が高い。【研究5・8・12】においても，大学等に進学していない者は調査協力者に含まれなかった。Wagner, Lang, Neyer, & Wagner（2014）は自尊感情のリソースに着目しており，特に若者にとっては，教育水準の高さは自尊感情のリソースになることを明らかにしている。そのため，今後は，大学等に進学していない者も含めることで，より知見の一般化が可能となると考えられる。

　第二に，【研究1】の年代間の比較や【研究5・8・12】における学校段階間の比較では，横断調査による検討を行っている点である。横断調査による学校段階差の分析は，あくまでも個人間の差異を示すものであり，本書は疑似的に発達的変化を描き出したことになる。今後，縦断調査を通して個人内の発達過程を検証し，本研究の結果が再現されるかどうか確認する必要がある。特に，本書では自尊感情や内省の成熟や，未来を展望する認知能力の発達などを念頭に置いて検討を行ったが，学校段階による得点差が何によって説明されるのかという点は，今後精査すべきである。置かれている学校環境や，友人関係の取り方，希望する進路，受験等のライフイベントなどとも密接に関わっているはずである。また，【研究1】のような生涯発達を検討する際には，異なる年代ごとに縦断調査を行う手法（e.g. Orth et al., 2010）などを参考にして，個人内変化に着目した検討を行うべきであろう。

　第三に，独自に作成した項目の信頼性や妥当性の検討が必ずしも十分に行われていない点である。本研究では，自己変容に関する変数について独自に項目を作成している。その際，α 係数や因子負荷量のまとまりによって内的一貫性に関して検討を行っているが，その他の信頼性や妥当性に関しては十分に検討されていない。併存的妥当性としては，自己成長主導性尺度Ⅱ（Robitschek et al., 2012; 徳吉・岩崎, 2014）や理想自己志向性（水間, 2004）などとの関連などを検討することで，尺度化の手続きを踏む必要がある。特に，【研究6・7・8】で用いた"イメージ"と"計画性"の項目は1項目で構成されていたため，今後はより信頼性の高い方法を用いることによって，本

研究で得られた結果の頑健性を確保する必要がある。

　第四に，回答者の言語表出能力や文章読解力による回答への影響が統制されていないことである。【研究6・7・8】では変容を志向する自己概念を抽出する際に，回答者本人が具体的な自己概念を想起できるかどうかを検討するため，個性記述的方法を用いた。この方法は回答時の意欲や言語表出能力に影響されうることから，現実自己，理想自己ともに記述欄を一つに限定することで対応を試みたが，その影響を完全に回避することは困難である。そのため【研究8】においては，大学生は言語表出能力が比較的高いために，理想自己まで記述できる者が多かったという可能性も考えられる。従って，今後は，小平（2005）を参考に言語表出の能力を考慮することや，法則定立的方法と組み合わせること（Hardin & Lakin, 2009; 水間, 2004）も検討すべきであろう。同様に，本研究では記述があった者となかった者の比較を中心に分析を行ったが，理想自己を問われた際に，よく考えずに単に現実自己の対義語を記述した場合も考えられる。そのため，どれほど回答者本人にとって具体的かつ現実的な記述になっているかという点については，今後検討の余地がある。

今後の展望

　今後の展望を以下に三点述べる。第一に，実際に自己が変容する過程を捉えることが重要である。福井（1980）は，"青年期には，今までの自己の存在の様式を否定して，自分の力で新しい自己を再建することを迫られるわけであるから，否定が行き過ぎて，自力で再構成できなくなって困り果てるのである（pp.177）"と述べていることから，強い自己否定から生じる自己変容に対する志向性は，逆に自己変容の実現を困難にさせることが推察される。本書においても，自己変容の実現という変数を扱っているものの，志向性を持っていると，実際に望んだ通りに自己が変わるのかという問いには答えることができていない。この点については，パーソナリティに関する研究ではあるが，Hudson & Fraley（2015）の研究が大変参考になる。Hudson &

Fraley (2015) は，自分のパーソナリティを変えたいと思っている者は，日々の関連した行動が促進され，16週後にはパーソナリティが望み通りに変わりやすいことを明らかにしている。特に，"社交的になりたい" などの漠然とした目標でなく，限定的で具体的な行動を計画するような介入を受けた場合に，パーソナリティが変わりやすいことを示している。また，彼らの後続の研究 (Hudson & Fraley, 2016a) では，パーソナリティを変えることができた者ほど後の心理的適応が良好であることが示されている。そのため，今後はこのような縦断研究を通して，実際の自己変容を捉える試みを行うことで，青年期において自己変容に対する志向性を持つ意義をより強く主張できる可能性がある。その際には，変容に向けた "行動" に着目することが重要である。Baranski, Morse, & Dunlop (2017), Hudson & Roberts (2014), Hudson & Fraley (2015) においてもパーソナリティの変容に向けた様々な日常的な方略が取り上げられ，Robitschek et al. (2012) における自己成長主導性にも，"積極的行動" という因子が設けられている。特に，Baranski et al. (2017) では，認知的な方略（例：物事をバランスよく見るようにする，感謝の気持ちを忘れない）と行動的な方略（例：無理にでも人と話すようにする，他の人と仕事をしてみる）に分類し，パーソナリティの種類ごとに用いられる方略が異なっていることを明らかにしている。本邦においても，理想自己の実現に向けた行動（山田，2004）や自己変容のための消費行動（神山，2008）などが取り上げられている。そのため，志向性の強い者は変容の実現に向けて，どのような方略を採用するかを検討することが重要であると考えられる。

　第二に，自己変容という現象について，他者や環境などの外的要因に着目した検討を行うことが望まれる。Robitschek et al. (2012) では，自己成長主導性の中で，"資源" を取り上げ，自分の意志や行動を支えるサポート源の重要性を指摘している。自己概念や意志は，他者の働きかけによって大きく左右されるため (Swann & Hill, 1982)，他者との相互作用に関して検討を行う必要がある。特に，他者からのサポートや受容は，心理的適応において極め

て重要であることが知られているが，自己変容に対する志向性が強い者にとっては，他者からの受容が葛藤を生じさせる可能性が考えられる。すなわち，"ネガティブで悩みがちな自分を変えたい"という思いが強い場合，例えば他者から"そこがあなたらしいところだ"，"冷静で思慮深いとも言える"などの肯定的なフィードバックを受け容れ難いと考えられる。また，Cloutier & Peetz（2017）は，恋愛関係にあるカップルを対象として，個人の変化と相手の変化に関する調査を行い，自分も相手も同程度の個人的な変化を予想している場合は関係の良好さが高いが，自分が変化を欲しているのに相手は変化しようとしていない場合は，関係の良好さが低いことを示している。今後は，このような他者との関係において生じる葛藤状況に着目して，検討を行う必要がある。また，【研究9】では，自己変容が環境要因によって生じるという内容の記述は，"他力・自然"のカテゴリに含まれたが，【研究10】の因子分析の結果，"周りの環境次第で自分は変わると思う"という項目は，どの因子にも負荷量が高くなかったため除外された。しかしながら，Haslam, Bastian, Fox, & Whelan（2007）の大学生を対象とした調査では，パーソナリティの変化は，個人の力よりも環境からの影響によって生じると考えられていることを明らかにしている。そのため，今後は，自己変容の枠組みを広げ，他者や環境からの影響も視野に入れて検討する必要があろう。

　第三に，現在から将来への自己変容だけでなく，過去から現在の自己変容を含めて，自己変容を望む気持ちに関して明らかにする必要がある。本書では，自己変容の実現という変数によって，過去から現在の自己変容に関して扱ったが，過去から現在までの変容と現在から未来への変容について，対比して論じている先行研究も存在する。例えば，Quoidbach et al.（2013）は，これまでの10年間での自己の変容と，これからの10年間での自己の変容について検討し，多くの場合後者について，実際よりも少なく見積もることを明らかにしている。これは，パーソナリティ，価値観，好み，友人関係など

様々な領域において確認されている現象であり，人々はこれまで経験した変化に着目しがちで，それと比べて，これからの変化を想起しにくいことから，歴史の終わり幻想（end of history illusion）と名付けられている。この現象は，別の言い方をすれば，多くの場合今後の10年間で，人は予測よりも大きく変化することを意味している。同様に，Ross & Wilson（2000）によって提唱された時間的自己評価理論（temporal self-appraisal theory）においては，現在の自己の評価を維持するために，過去の自分について低く評価することが知られている。Wilson & Ross（2001）では，縦断的に検討が行われ，過去から現在へと実際には自己評価が向上していないにもかかわらず，過去の自分については批判的に評価をすることで，好ましい自己観を維持することが明らかにされている。すなわち，実際にはあまり変化がなかったとしても，自分は成長したと思いこむことで，現在の評価は維持されているといえる。この考察を裏付ける証拠として，O'Brien & Kardas（2016）の研究がある。彼らは，過去から変化したことを思い浮かべる群（変容群）と，過去から一貫していることを思い浮かべる群（一貫群）を設けて様々な変数の比較を行ったところ，変容群ほどポジティブ感情，人生の意味，人生満足度の得点が高いことを示した。同様に，Klein & O'Brien（2017）は，人は一貫して良い状態にある者よりも，悪い状態から改善した者に対してより魅力を感じることを示している。以上のように，過去から現在までの自己変容やそれが持つ意味を併せて検討を行うことで，自己変容を望む気持ちの理解が促進されると考えられる。

引 用 文 献

Adams, G. R., Ryan, J. H., Hoffman, J. J., Dobson, W. R., & Nielsen, E. C. (1984). Ego identity status, conformity behavior, and personality in late adolescence. *Journal of Personality and Social Psychology, 47,* 1091-1104.

Anthis, K., & LaVoie, J. C. (2006). Readiness to change: A longitudinal study of adult development. *Journal of Research in Personality, 40,* 209-219.

荒井 真太郎 (2001). 大学生における自己，親，友人，好きな異性への準拠のあり方について―自我同一性との関連，および性差の検討― 家族心理学研究, *15,* 93-107.

Balistreri, E., Busch-Rossnagel, N. A., & Geisinger, K. F. (1995). Development and preliminary validation of the ego identity process questionnaire. *Journal of Adolescence, 18,* 179-192.

Baltes, E. B., Reese, H. W., & Lipsitt, L. E. (1980). Life-span developmental psychology. *Annual Review of Psychology, 31,* 65-110.

Bandura, A. (1977). Self-efficacy: Toward a unifying theory of behavioral change. *Psychological Review, 84,* 191-215.

Baranski, E. N., Morse, P. J., & Dunlop, W. L. (2017). Lay conceptions of volitional personality change: From strategies pursued to stories told. *Journal of Personality, 85,* 285-299.

Blustein, D. L., Devenis, L. E., & Kidney, B. A. (1989). Relationship between the identity formation process and career development. *Journal of Counseling Psychology, 36,* 196-202.

Boyatzis, R. E., & Akrivou, K. (2006). The ideal self as the driver of intentional change. *Journal of Management Development, 25,* 624-642.

Brandtstädter, J., & Greve, W. (1994). The aging self: Stabilizing and protective processes. *Developmental Review, 14,* 52-80.

Brandtstädter, J., & Renner, G. (1990). Tenacious goal pursuit and flexible goal adjustment: Explication and age-related analysis of assimilative and accommodative strategies of coping. *Psychology and Aging, 5,* 58-67.

Brandtstädter, J., & Rothermund, K. (1994). Self-percepts of control in middle and later adulthood: Buffering losses by rescaling goals. *Psychology and Aging, 9,*

265-273.

Breines, J. G., & Chen, S. (2012). Self-compassion increases self-improvement motivation. *Personality and Social Psychology Bulletin, 38*, 1133-1143.

Campbell, J. D. (1990). Self-esteem and clarity of the self-concept. *Journal of Personality and Social Psychology, 59*, 538-549.

Chishima, Y., McKay, M., & Cole, J. (2017). The generalizability of temporal focus profiles across cultures: A secondary analysis using data from Japan and the United Kingdom. *Personality and Individual Differences, 111*, 92-95.

Chishima, Y., McKay, M., & Murakami, T. (2017). The reliability and validity of the temporal focus scale in young Japanese adults. *Personality and Individual Differences, 119*, 230-235.

千島 雄太・佐藤 有耕 (2013). 短期縦断調査による自己変容に対する志向性の継時的変化を規定する要因の探索的検討　筑波大学心理学研究, *46*, 69-77.

Cloutier, A., & Peetz, J. (2017). People, they are a changin' The links between anticipating change and romantic relationship quality. *Journal of Social and Personal Relationships, 34*, 676-698.

Coffman, D. L., & MacCallum, R. C. (2005). Using parcels to convert path analysis models into latent variable models. *Multivariate Behavioral Research, 40*, 235-259.

Cross, S. E., & Markus, H. (1991). Possible selves across the life-span. *Human Development, 34*, 230-255.

Crystal, D., Kato, K., Olson, S., & Watanabe, H. (1995). Attitudes towards self-change: A comparison of Japanese and American university students. *International Journal of Behavioral Development, 18*, 577-593.

Dunkel, C. S. (2000). Possible selves as a mechanism for identity exploration. *Journal of Adolescence, 23*, 519-529.

Dunkel, C., & Anthis, K. (2001). The role of possible selves in identity formation: A short-term longitudinal study. *Journal of Adolescence, 24*, 765-776.

Dweck, C. S. (2008). Can personality be changed? The role of beliefs in personality and change. *Current Directions in Psychological Science, 17*, 391-394.

Ebner, N. C., Freund, A. M., & Baltes, P. B. (2006). Developmental changes in personal goal orientation from young to late adulthood: From striving for gains to maintenance and prevention of losses. *Psychology and Aging, 21*, 664-678.

遠藤 由美 (1993). 自他認知における理想自己の効果 心理学研究, *64*, 271-278.
榎本 博明 (1998). "自己"の心理学―自分探しへの誘い― サイエンス社
Erikson, E. H. (1959). *Identity and the life cycle. Psychological issues Vol. 1, No.1.* New York: International Universities Press.
Fiske, S. T., & Taylor, S. E. (1991). *Social cognition* (2nd ed.). New York: McGraw-Hill.
福井 康之 (1980). 青年期の不安と成長 有斐閣
Gosling, S. D., Vazire, S., Srivastava, S., & John, O. P. (2004). Should we trust web-based studies? A comparative analysis of six preconceptions about internet questionnaires. *American Psychologist, 59*, 93-104.
Hardin, E. E., & Lakin, J. L. (2009). The integrated self-discrepancy index: A reliable and valid measure of self-discrepancies. *Journal of Personality Assessment, 91*, 245-253.
橋本 秀美 (1999). 対人関係に悩む青年期不登校男子生徒へのカウンセリング―心理と教育の統合的支援を通しての自己変容過程― 応用教育心理学研究, *16*, 31-40.
Haslam, N., Bastian, B., Fox, C., & Whelan, J. (2007). Beliefs about personality change and continuity. *Personality and Individual Differences, 42*, 1621-1631.
畠瀬 直子 (2000). 青年期に顕在化する人格再構築欲求に応えるキャンパス・カウンセリング 青年心理学研究, *12*, 1-14.
Herman, C. P., & Polivy, J. (2003). Realistic and unrealistic self-change efforts. *American psychologist, 58*, 823-824.
日潟 淳子・齊藤 誠一 (2007). 青年期における時間的展望と出来事想起および精神的健康との関連 発達心理学研究, *18*, 109-119.
日潟 淳子・谷 芳恵・上長 然・則定 百合子・石本 雄真・齊藤 誠一・城 仁士 (2008). 体験活動を通して個人がどのように変容するのかを測る尺度―これまでの関連研究レビュー― 神戸大学大学院人間発達環境学研究科研究紀要, *2*, 143-147.
Higgins, E. T. (1987). Self-discrepancy: A theory relating self and affect. *Psychological Review, 94*, 319-340.
平石 賢二 (2007). 青年期の親子間コミュニケーション ナカニシヤ出版
Hooker, K. (1992). Possible selves and perceived health in older adults and college students. *Journal of Gerontology: Psychological Sciences, 47*, 85-95.
堀之内 高久 (1997). 青年期の不適応 加藤 隆勝・高木 秀明 (編) 青年心理学概論 誠信書房 pp. 211-240.

星野 崇宏・岡田 謙介・前田 忠彦(2005).構造方程式モデリングにおける適合度指標とモデル改善について―展望とシミュレーション研究による新たな知見― 行動計量学, *32*, 209-235.

Hudson, N. W., & Fraley, R. C. (2015). Volitional personality trait change: Can people choose to change their personality traits? *Journal of Personality and Social Psychology, 109*, 490-507.

Hudson, N. W., & Fraley, R. C. (2016a). Changing for the better? Longitudinal associations between volitional personality change and psychological well-being. *Personality and Social Psychology Bulletin, 42*, 603-615.

Hudson, N. W., & Fraley, R. C. (2016b). Do people's desires to change their personality traits vary with age? An examination of trait change goals across adulthood. *Social Psychological and Personality Science, 7*, 847-856.

Hudson, N. W., & Roberts, B. W. (2014). Goals to change personality traits: Concurrent links between personality traits, daily behavior, and goals to change oneself. *Journal of Research in Personality, 53*, 68-83.

今川 民雄(1992).自己概念の変容過程についての追跡的研究1―先行する自己概念の影響と仮定された自己志向性をめぐって― 対人行動学研究, *11*, 13-21.

石谷 真一(1994).男子大学生における同一性形成と対人的関係性 教育心理学研究, *42*, 118-128.

伊藤 裕子(2001).青年期女子の性同一性の発達―自尊感情,身体満足度との関連から― 教育心理学研究, *49*, 458-468.

伊藤 正哉・小玉 正博(2005).自分らしくある感覚(本来感)と自尊感情がwell-beingに及ぼす影響の検討 教育心理学研究, *53*, 74-85.

梶田 叡一(1988).自己意識の心理学 第2版 東京大学出版会

神山 進(2008).変身行動の消費心理―大学生における変身行動の消費心理― 繊維製品消費科学会誌, *49*, 777-792.

金子 俊子(1995).青年期における他者との関係の仕方と自己同一性 発達心理学研究, *6*, 41-47.

加藤 厚(1983).大学生における同一性の諸相とその構造 教育心理学研究, *31*, 292-302.

川畑 秀明・今林 俊一(2003).大学生における自我同一性地位と進路決定―教育学部生の場合― 鹿児島大学教育学部教育実践研究紀要, *13*, 39-44.

Kiecolt, K. J. (1994). Stress and the decision to change oneself: A theoretical model.

Social Psychology Quarterly, 57, 49-63.

Kiecolt, K. J., & Mabry, J. B. (2000). Agency in young adulthood: Intentional self-change among college students. *Advances in Life Course Research, 5*, 181-205.

Kihlstrom, J. F., & Cantor, N. (1984). Mental representations of the self. In L. Berkowitz (Ed.), Advances in experimental social psychology (Vol. 17, pp. 1-47). Orlando, FL: Academic Press, Inc.

Klein, N., & O'Brien, E. (2017). The power and limits of personal change: When a bad past does (and does not) inspire in the present. *Journal of Personality and Social Psychology, 113*, 210-229.

Klimstra, T. A., Luyckx, K., Hale, W. W., III, Frijns, T., van Lier, P. A. C., & Meeus, W. H. J. (2010). Short-term fluctuations in identity: Introducing a micro-level approach to identity formation. *Journal of Personality and Social Psychology, 99*, 191-202.

Kling, K. C., Hyde, J. S., Showers, C. J., & Buswell, B. N. (1999). Gender differences in self-esteem: A meta-analysis. *Psychological Bulletin, 125*, 470-500.

小平 英志 (2005). 個性記述的視点を導入した自己不一致の測定—簡易版の信頼性, self-esteemとの関連の検討—　名古屋大学大学院教育発達科学研究科紀要　心理発達科学, *52*, 21-29.

小浜 駿 (2012). 先延ばしのパターンと気晴らし方略および精神的適応との関連の検討　教育心理学研究, *60*, 392-401.

髙坂 康雅 (2009). 青年期における内省への取り組み方の発達的変化と劣等感との関連　青年心理学研究, *21*, 83-94.

髙坂 康雅 (2012). 劣等感の青年心理学的研究　風間書房

黒沢 香 (1993). 多数派への同調に対する自己意識と自尊心の影響　心理学研究, *63*, 379-387.

黒澤 幸子 (2008). タイムマシン心理療法—未来・解決志向のブリーフセラピー—　日本評論社

Layous, K., Nelson, S. K., & Lyubomirsky, S. (2012). What is the optimal way to deliver a positive activity intervention? The case of writing about one's best possible selves. *Journal of Happiness Studies, 14*, 635-654.

Lewin, K. (1935). *A dynamic theory of personality.* New York: McGraw-Hill.

Lewin, K. (1951). *Field theory in social science: Selected theoretical papers.* New York: Harper & Brothers.

Linville, P. W. (1985). Self-complexity and affective extremity: Don't put all of your eggs in one cognitive basket. *Social Cognition, 3,* 94-120.

Luyckx, K., Klimstra, T. A., Duriez, B., Van Petegem, S., & Beyers, W. (2013). Personal identity processes from adolescence through the late twenties: Age trends, functionality, and depressive symptoms. *Social Development, 22,* 701-721.

Luyckx, K., Lens, W., Smits, I., & Goossens, L. (2010). Time perspective and identity formation: Short-term longitudinal dynamics in college students. *International Journal of Behavioral Development, 34,* 238-247.

Luyckx, K., & Robitschek, C. (2014). Personal growth initiative and identity formation in adolescence through young adulthood: Mediating processes on the pathway to well-being. *Journal of Adolescence, 37,* 973-981.

Luyckx, K., Schwartz, S. J., Berzonsky, M. D., Soenens, B., Vansteenkiste, M., Smits, I., & Goossens, L. (2008). Capturing ruminative exploration: Extending the four dimensional model of identity formation in late adolescence. *Journal of Research in Personality, 42,* 58-82.

Marcia, J. E. (1966). Development and validation of ego-identity status. *Journal of Personality and Social Psychology, 3,* 551-558.

Markstrom-Adams, C., Ascione, F. R., Braegger, D., & Adams, G. R. (1993). Promotion of ego-identity development: Can short-term intervention facilitate growth? *Journal of Adolescence, 16,* 217-224.

Markus, H., & Nurius, P. (1986). Possible selves. *American Psychologist, 41,* 954-969.

Marsh, H. W. (1986). Global self-esteem: Its relation to specific facets of self-concept and their importance. *Journal of Personality and Social Psychology, 51,* 1224-1236.

松岡 弥玲 (2006). 理想自己の生涯発達―変化の意味と調節過程を捉える― 教育心理学研究, *54,* 45-54.

McElwee, R. O., & Haugh, J. A. (2010). Thinking clearly versus frequently about the future self: Exploring this distinction and its relation to possible selves. *Self and Identity, 9,* 298-321.

McKay, M. T., Percy, A., Goudie, A. J., Sumnall, H. R., & Cole, J. C. (2012). The Temporal Focus Scale: Factor structure and association with alcohol use in a sample of Northern Irish school children. *Journal of Adolescence, 35*, 1361-1368.

Meevissen, Y. M., Peters, M. L., & Alberts, H. J. (2011). Become more optimistic by imagining a best possible self: Effects of a two week intervention. *Journal of Behavior Therapy and Experimental Psychiatry, 42*, 371-378.

Miller, W. R., & Rollnick, S. (2002). *Motivational interviewing: Preparing people for change.* 2nd ed. New York: Guilford Press.

宮原 浩二郎 (1999). 変身願望　筑摩書房

溝上 慎一 (1995). WHY答法による将来の生き方基底因　心理学研究, *66*, 367-372.

溝上 慎一 (1999). 自己の基礎理論―実証的心理学のパラダイム―　金子書房

溝上 慎一 (2008). 自己形成の心理学―他者の森をかけ抜けて自己になる―　世界思想社

水間 玲子 (2002a). 自己形成過程に関する研究の概観と今後の課題―個人の主体性の問題―　京都大学大学院教育学研究科紀要, *48*, 429-441.

水間 玲子 (2002b). 理想自己を志向することの意味―その肯定性と否定性について―　青年心理学研究, *14*, 21-39.

水間 玲子 (2003). 自己嫌悪感と自己形成の関係について―自己嫌悪感場面で喚起される自己変容の志向に注目して―　教育心理学研究, *51*, 43-53.

水間 玲子 (2004). 理想自己への志向性の構造について―理想自己に関する主観的評定との関係から―　心理学研究, *75*, 16-23.

Moretti, M. M., & Higgins, E. T. (1990). Relating self-discrepancy to self-esteem: The contribution of discrepancy beyond actual self-ratings. *Journal of Experimental Social Psychology, 26*, 108-123.

森 俊夫・黒澤 幸子 (2002). 森・黒沢のワークショップで学ぶ解決志向ブリーフセラピー　ほんの森出版

村上 宣寛 (2006). 心理尺度のつくり方　北大路書房

無藤 清子 (1979). "自我同一性地位面接"の検討と大学生の自我同一性　教育心理学研究, *27*, 178-187.

中間 玲子 (2007). 自己形成の心理学　風間書房

中間 玲子・杉村 和美・畑野 快・溝上 慎一・都筑 学 (2015). 多次元アイデンティティ発達尺度（DIDS）によるアイデンティティ発達の検討と類型化の試み　心理学研究, 85, 549-559.

並川 努 (2009). 継時的比較動機の検討―動機の構造および自尊感情との関連―　日本パーソナリティ心理学会第18回大会発表論文集, 122-123.

成田 ひろ子 (2006). "変わりたい" と訴える女子学生との面接過程 学生相談研究, 27, 14-24.

根本 橘夫 (2003). "満たされない心" の心理学 洋泉社

Nurmi, J. E. (2005). Thinking about and acting upon the future. In A. Strathman & J. Joireman (Eds.), *Understanding behaviour in the context of time* (pp. 31-57). New Jersey: Lawrence Erlbaum Associates Publishers.

O'Brien, E., & Kardas, M. (2016). The implicit meaning of (my) change. *Journal of Personality and Social Psychology, 111*, 882-894.

O'Connor, R. C., & Williams, J. M. G. (2014). The relationship between positive future thinking, brooding, defeat and entrapment. *Personality and Individual Differences, 70*, 29-34.

Oettingen, G., & Mayer, D. (2002). The motivating function of thinking about the future: Expectations versus fantasies. *Journal of Personality and Social Psychology, 83*, 1198-1212.

Oettingen, G., Mayer, D., & Portnow, S. (2016). Pleasure now, pain later : Positive fantasies about the future predict symptoms of depression. *Psychological Science, 27*, 345-353.

Oettingen, G., Mayer, D., Thorpe, J. S., Janetzke, H., & Lorenz, S. (2005). Turning fantasies about positive and negative futures into self-improvement goals. *Motivation and Emotion, 29*, 237-267.

岡田 努 (1987). 青年期男子の自我理想とその形成過程 教育心理学研究, 35, 116-121.

岡田 努 (2010). 青年期の友人関係と自己―現代青年の友人認知と自己の発達― 世界思想社

岡田 努・永井 撤 (1990). 青年期の自己評価と対人恐怖的心性との関連 心理学研究, 60, 386-389.

Orth, U., Maes, J., & Schmitt, M. (2015). Self-esteem development across the life span: A longitudinal study with a large sample from Germany. *Developmental Psychology, 51*, 248-259.

Orth, U., Robins, R. W., & Widaman, K. F. (2012). Life-span development of self-esteem and its effects on important life outcomes. *Journal of Personality and Social Psychology, 102*, 1271-1288.

Orth, U., Trzesniewski, K. H., & Robins, R. W. (2010). Self-esteem development from young adulthood to old age: A cohort-sequential longitudinal study. *Journal of Personality and Social Psychology, 98*, 645-658.

小塩 真司 (2004). 自己愛の青年心理学 ナカニシヤ出版

小塩 真司・岡田 涼・茂垣 まどか・並川 努・脇田 貴文 (2014). 自尊感情平均値に及ぼす年齢と調査年の影響—Rosenberg の自尊感情尺度日本語版のメタ分析— 教育心理学研究, *62*, 273-282.

Oyserman, D., Bybee, D., Terry, K., & Hart-Johnson, T. (2004). Possible selves as roadmaps. *Journal of Research in Personality, 38*, 130-149.

Peters, L. M., Flink, I. K., Boersma, K., & Linton, S. J. (2010). Manipulating optimism: Can imagining a best possible self be used to increase positive future expectancies? *Journal of Positive Psychology, 5*, 204-211.

Polivy, J., & Herman, C. P. (2000). The false-hope syndrome: Unfulfilled expectations of self-change. *Current Directions in Psychological Science, 9*, 128-131.

Polivy, J., & Herman, C. P. (2002). If at first you don't succeed: False hopes of self-change. *American Psychologist, 57*, 677-689.

Prochaska, J. O., DiClemente, C. C., & Norcross, J. C. (1992). In search of how people change: Applications to addictive behaviors. *American Psychologist, 47*, 1102-1114.

Quoidbach, J., Gilbert, D., & Wilson, T. (2013). The end of history illusion. *Science, 339*, 96-98.

Rice, C., & Pausupathi, M. (2010). Reflecting on self-relevant experiences: Adult age differences. *Developmental Psychology, 46*, 479-490.

Ritchie, R. A., Meca, A., Madrazo, V. L., Schwartz, S. J., Hardy, S. A., Zamboanga, B. L., Weisskirch, R. S., Kim, S. Y., Whitbourne, S. K., Ham, L. S., & Lee, R. M. (2013). Identity dimensions and related processes in emerging adulthood: Helpful or harmful? *Journal of Clinical Psychology, 69*, 415-432.

Robins, R. W., Trzesniewski, K. H., Tracy, J. L., Gosling, S. D., & Potter, J. (2002). Global self-esteem across the lifespan. *Psychology and Aging, 17*, 423-434.

Robitschek, C. (1998). Personal growth initiative: The construct and its measure. *Measurement and Evaluation in Counseling and Development, 30*, 183-198.

Robitschek, C. (1999). Further validation of the Personal Growth Initiative Scale. *Measurement and Evaluation in Counseling and Development, 31*, 197-210.

Robitschek, C., Ashton, M. W., Spering, C. C., Geiger, N., Byers, D., Schotts, G. C., & Thoen, M. A. (2012). Development and psychometric evaluation of the personal growth initiative scale-II. *Journal of Counseling Psychology, 59*, 274-287.

Robitschek, C., & Cook, S. W. (1999). The influence of personal growth initiative and coping styles on career exploration and vocational identity. *Journal of Vocational Behavior, 54*, 127-141.

Rosenberg, M. (1965). *Society and the adolescent self-image.* Princeton, NJ: Princeton University Press.

Ross, M., & Wilson, A. E. (2000). Constructing and appraising past selves. In D. L. Schacter & E. Scarry (Eds.), *Memory, brain, and belief* (pp. 231-258). Cambridge, MA: Harvard University Press.

Ryff, C. D. (1991). Possible selves in adulthood and old age: A tale of shifting horizons. *Psychology and Aging, 6*, 286-295.

坂柳 恒夫・清水 和秋 (1990). 中学生の進路課題自信度と性役割自己概念との関連 進路指導研究, *11*, 18-27.

佐久間 路子・無藤 隆 (2003). 大学生における関係的自己の可変性と自尊感情との関連 教育心理学研究, *51*, 33-42.

佐藤 有耕・落合 良行 (1995). 大学生の自己嫌悪感に関連する内省の特徴 筑波大学心理学研究, *17*, 61-66.

Schwartz, S. J., Klimstra, T. A., Luyckx, K., Hale, W. W. III, Frijns, T., Oosterwegel, A., van Lier, P. A. C., Koot, H. M., & Meeus, W. H. J. (2011). Daily dynamics of personal identity and self-concept clarity. *European Journal of Personality, 25*, 373-385.

Sedikides, C. (1999). A multiplicity of motives : The case of self-improvement. *Psychological Inquiry, 10*, 64-65.

Sedikides, C., & Hepper, E. G. (2009). Self-improvement. *Social and Personality Psychology Compass, 3*, 899-917.

Shepard, B., & Marshall, A. (1999). Possible selves mapping: Life-career exploration with young adolescents. *Canadian Journal of Counselling, 33*, 37-54.

Shepard, B., & Quressette, S. (2010). Possible selves mapping intervention: Rural women and beyond. Retrieved from http://counselingoutfitters.com/vistas/vistas10/Article_51.pdf

清水 和秋・山本 理恵 (2008). 感情的表現測定による Big Five 測定の半年間隔での安定性と変動―個人間差, 状態・特性不安, 自尊感情との関連― 関西大学社会学部紀要, *39*, 35-67.

Shipp, A. J., Edwards, J. R., & Lambert, L. S. (2009). Conceptualization and measurement of temporal focus: The subjective experience of the past, present, and future. *Organizational Behavior and Human Decision Processes*, *110*, 1-22.

白井 利明 (1994). 時間的展望体験尺度に関する研究 心理学研究, *65*, 54-60.

白井 利明 (1997). 時間的展望の生涯発達心理学 勁草書房

白井 利明 (2007). 時間的展望研究の動向 都筑 学・白井 利明 (編) 時間的展望研究ガイドブック ナカニシヤ出版 pp.53-133.

Shorey, H. S., Little, T. D., Snyder, C. R., Kluck, B., & Robitschek, C. (2007). Hope and personal growth initiative: A comparison of positive, future-oriented constructs. *Personality and Individual Differences*, *43*, 1917-1926.

Sneed, J. R., & Whitbourne, S. K. (2003). Identity processing and self-consciousness in middle and later adulthood. *Journal of Gerontology: Psychological Sciences*, *58*, 313-319.

Stephen, J., Fraser, E., & Marcia, J. E. (1992). Moratorium-achievement (Mama) cycles in lifespan identity development: Value orientations and reasoning system correlates. *Journal of Adolescence*, *15*, 283-300.

杉村 和美 (2005). 女子青年のアイデンティティ探求―関係性の観点から見た2年間の縦断研究― 風間書房

鈴木 公啓 (2012). 装いの枠組みによる痩身の心理的機能と効用についての確認―体型結果予期の分類および痩身願望との関連― パーソナリティ研究, *21*, 164-175.

鈴木 乙史 (1998). 性格形成と変化の心理学 ブレーン出版

Swann, W. B., Jr., & Hill, C. A. (1982). When our identities are mistaken: Reaffirming self-conceptions through social interaction. *Journal of Personality and Social Psychology*, *43*, 59-66.

高田 利武 (1993). 青年の自己概念形成と社会的比較―日本人学生にみられる特徴― 教育心理学研究, *41*, 339-348.

宅 香菜子 (2010). 外傷後成長に関する研究―ストレス体験をきっかけとした青年の変容― 風間書房

田中 道弘 (2011). 自分が変わることに対する肯定的な捉え方の背景にあるものは何か?―自己肯定感, 向上心, 時間的展望, 特性的自己効力感の視点から― マイク

ロカウンセリング研究, 6, 12-23.

田中 洋子（2007）．自分の性格特性に関する悩みへの青年の取り組み―自己成長と自己受容の観点から― 思春期学, 25, 243-251.

谷 冬彦（2008）．自我同一性の人格発達心理学 ナカニシヤ出版

Tanti, C., Stukas, A. A., Halloran, M. J., & Foddy, M. (2008). Tripartite self-concept change: Shifts in the individual, relational, and collective self in adolescence. *Self and Identity*, *7*, 360-379.

Taylor S. E., & Lobel, M. (1989). Social comparison activity under threat: Downward evaluation and upward contacts. *Psychological Review*, *96*, 569-575.

Taylor, S. E., Neter, E., & Wayment, H. A. (1995). Self-evaluation processes. *Personality and Social Psychology Bulletin*, *21*, 1278-1287.

飛永 佳代（2007）．思春期・青年期における未来展望の様相の発達的検討―"希望"と"展望"という視点から― 九州大学心理学研究, 8, 165-173.

德吉 陽河・岩崎 祥一（2014）．自己成長主導性尺度Ⅱ（PGIS-II）日本語版の開発と心理的測定 心理学研究, 85, 178-187.

外山 嘉奈子・平出 彦仁（1995）．ある女子大学生の自我同一性確立の過程に関する事例研究 横浜国立大学教育紀要, 35, 19-29.

豊田 秀樹（1998）．共分散構造分析 入門編―構造方程式モデリング 朝倉書店

都筑 学（1984）．青年の時間的展望の研究 大垣女子短期大学研究紀要, 19, 57-65.

都筑 学（1993）．大学生における自我同一性と時間的展望 教育心理学研究, 41, 40-48.

都筑 学（2014）．高校生の進路選択と時間的展望―縦断的調査にもとづく検討― ナカニシヤ出版

堤 雅雄（1982）．青年期における自己対象化と存在論的危機 島根大学教育学部紀要 人文社会科学, 15, 43-53.

Verstraeten, D. (1980). Level of realism in adolescent future time perspective. *Human Development*, *23*, 177-191.

Wagner, J., Lang, F. R., Neyer, F. J., & Wagner, G. G. (2014). Self-esteem across adulthood: The role of resources. *European Journal of Ageing*, *11*, 109-119.

Wallace-Broscious, A., Serafica, F. C., & Osipow, S. H. (1994). Adolescent career development: Relationships to self-concept and identity status. *Journal of Research on Adolescence*, *4*, 127-149.

若松 養亮（2012）．大学生におけるキャリア選択の遅延―そのメカニズムと支援―

風間書房

Weigold, I. K., Porfeli, E. J., & Weigold, A. (2013). Examining tenets of personal growth initiative using the Personal Growth Initiative Scale - II. *Psychological Assessment, 25*, 1396-1403.

Weigold, I. K., & Robitschek, C. (2011). Agentic personality characteristics and coping: Their relation to trait anxiety in college students. *American Journal of Orthopsychiatry, 81*, 255-264.

Wilson, A. E., & Ross, M. (2001). From chump to champ: People's appraisals of their earlier and current selves. *Journal of Personality and Social Psychology, 80*, 572-584.

山田 剛史 (2004). 理想自己の観点からみた大学生の自己形成に関する研究　パーソナリティ研究, *12*, 59-72.

山本 真理子・松井 豊・山成 由紀子 (1982). 認知された自己の諸側面の構造　教育心理学研究, *30*, 64-68.

山本 里花 (1989)."自己"の二面性に関する一研究―青年期から成人期にかけての発達傾向と性差の検討―　教育心理学研究, *37*, 302-311.

山内 恵理子 (2011). 不安や葛藤を抱えられる自己への変容―主体的に生きることの意味を探っていった神経症の男性との心理面接過程―　愛知教育大学教育臨床総合センター紀要, *1*, 25-32.

吉田 寿夫 (2006). 心理学研究法の新しいかたち　誠信書房

吉川 肇子・久保 真人 (1991). 成功, 失敗場面における比較対象の選択傾向の差異―社会的比較か継時的比較か？―　社会心理学研究, *6*, 148-154.

Yowell, C. M. (2000). Possible selves and future orientation: Exploring hopes and fears of Latino boys and girls. *Journal of Early Adolescence, 20*, 245-280.

Zentner, M., & Renaud, O. (2007). Origins of adolescents' ideal self: An intergenerational perspective. *Journal of Personality and Social Psychology, 92*, 557-574.

あ と が き

　本書は，筑波大学大学院での6年間で執筆した，博士論文の内容を加筆・修正したものです。多くの皆様のご指導とご支援のおかげで，研究を進めることができ，本書を完成することができました。

　まず初めに指導教員の佐藤有耕先生，ご指導ありがとうございました。先生には数え切れないほどの時間を研究指導に割いていただきました。先生は，何度も研究に行き詰まってしまう私に，いつも寄り添って，暖かい言葉をかけて下さいました。また，時には研究のことだけでなく，日常生活や進路に関する相談にまで乗っていただき，まさに私の"心の支え"となっていただきました。まだまだ未熟なところも多いですが，指導を通して学んだことを礎として，これからも研究に邁進していきたいと思います。

　副指導教員の松井豊先生には，修士論文の頃から大変お世話になりました。指導では，私自身が見失っていた研究の面白さを的確に指摘して下さり，方向性を示していただきました。ご多忙の中，まとまらない私の話に耳を傾けていただき，有益なアドバイスをいただいたことを，大変有難く思っております。松井先生の一言一言は，自分のやる気を奮い立たせるための原動力となりました。

　櫻井茂男先生にも，副指導教員としてお世話になりました。櫻井先生はいつも気さくに話かけてくださり，研究のことだけでなく，私がこの先どのようなキャリアを積んでいけばよいかということに関しても，相談に乗っていただきました。これからも先生の期待に応えられるよう頑張りますので，ご指導ご鞭撻のほどよろしくお願いいたします。

　中央大学の都筑学先生には，博士論文の副査を引き受けていただきました。私が大学3年生の時，都筑先生は他学部だった私をゼミに誘って下さ

り，青年心理学の面白さや奥深さを伝えていただきました。先生のお誘いがなければ，心理学者を志すことはなかったと思います。心から感謝しております。

先輩の方々にも，心よりお礼申し上げたいと思います。佐藤研の先輩である池田幸恭さん，高坂康雅さん，渡辺伸子さんには，大変お世話になりました。研究会では，時に厳しく時に優しくコメントをしていただき，研究の質を高める手助けをして下さいました。また，櫻井研の葉山大地さん，鈴木高志さん，西村多久磨さん，村上達也さんにも，本当にお世話になりました。研究面においても，生活面においても先輩方に励ましていただいたことは，これから先も忘れることはありません。

同期の古村健太郎さん，高田琢弘さん，新原将義さんとは，お互いに情報を共有し，支え合いながら博士論文を乗り越えることができました。みなさんと苦楽を共にした経験は，きっと今後の生活でも活きてくると信じています。

後輩にも恵まれました。佐藤研の佐々木夕莉さん，櫻井研の中山伸一さんには，博士論文の作成を手伝っていただきました。自分の研究で忙しいにもかかわらず，労をいとわずに協力していただき，本当にありがとうございました。今思えば，研究室での他愛のない会話も，大学院での生活を豊かにする上で大切なものだったと感じています。

調査実施にあたり，協力して下さった中学校・高校・大学の先生方には，大変なご高配を賜りました。皆様のご協力がなければ，本書の完成はありませんでした。心より感謝申し上げます。また，調査に協力して下さった5000名以上の皆様に，感謝を申し上げます。皆様の善意に対して，少しでも良いフィードバックができるよう，研究や実践活動を継続していきたいと思います。

また，いつも見守ってくれている家族に感謝したいと思います。勝手気ままな私を心配してくれて，いつでも自分の進みたい道に進ませてくれまし

た。これからは少しずつ恩返しをしていきたいと思います。

　最後に，本書を刊行するにあたってご尽力いただいた風間書房の風間敬子様に，深く御礼申し上げます。私が執筆した査読論文に興味を持っていただき，学術図書としての出版をご快諾いただいたことを，心より嬉しく思います。本当にありがとうございました。

　なお，本書は日本学術振興会平成30年度科学研究費助成事業・科学研究費補助金（研究成果公開促進費 JP18HP5194）の助成を受けて刊行されたものです。ここに記して感謝申し上げます。

　　　2018年11月10日

　　　　　　　　　　　　　　　　　　　　　　　　　　千島　雄太

資料 目次

1. 本書を構成する研究の発表状況 …………………………… 159
2. 本書を構成する調査の一覧と研究との対応関係………………… 161
3. 本書で独自に作成した項目一覧 …………………………… 163

1．本書を構成する研究の発表状況

査読あり論文

1．千島雄太（2014）．大学生における自己変容に対する志向性の諸側面―人格発達，心理的適応との関連に着目して― 青年心理学研究, 25, 85-103.【研究2, 3, 4】

2．千島雄太（2014）．大学生における自己変容の捉え方と自己変容の実現，心理的適応の関連―葛藤に着目して― カウンセリング研究, 47, 185-195.【研究9, 10】

3．千島雄太（2015）．青年期における自己変容のメリット・デメリット予期に伴う葛藤―学校段階による比較― 発達心理学研究, 26, 1-12.【研究11, 12】

4．千島雄太（2016）．青年期における自己変容に対する志向性の発達―時間的展望の拡大と分化の観点から― 青年心理学研究, 27, 182-185.【研究5】

5．千島雄太（2016）．自己変容に対する志向性の生涯発達―自己変容への関心に着目して― 心理学研究, 87, 155-164.【研究1】

6．千島雄太（2016）．自己変容の想起がアイデンティティ形成に及ぼす影響 教育心理学研究, 64, 155-164.【研究6, 7】

7．千島雄太・佐藤有耕（2016）．青年期における自己変容に対する志向性の個人差と年齢差―進路課題への自信との関連を含めて― 筑波大学心理学研究, 52, 97-107.【研究8】

査読なし論文（プロシーディングス）

1．Chishima, Y. (2013). Developmental change of orientations to self-change during adolescence. In M. A. Paixão, J. T. Silva, V. Ortuño, & P. Cordeiro. *International Studies in Time Perspective*. Coimbra: Coimbra University Press. pp. 19-23.【研究5】

2．Chishima, Y. (2013). Relations between intention to self-change and cognitions of benefit and cost to self-change in university students. The Third Asian Conference on Psychology & the Behavioral Sciences, *Conference Proceedings, 3*, 366-373.【研究11】

国内学会発表

1．千島雄太（2013）．青年期における自己変容に伴う葛藤の発達的変化―自己変容のメリット・デメリットの予期から生じる葛藤に着目して― 日本心理学会第77

回大会発表論文集, 977.【研究12】
2．千島雄太（2014）．大学生における自己変容の捉え方と自己変容の実現，心理的適応の関連―葛藤に着目して―　日本カウンセリング学会第47回大会発表論文集, 120.【研究10】
3．千島雄太（2014）．青年期における自己変容に対する志向性の発達―時間的展望の拡大と分化による解釈―　日本青年心理学会第22回大会発表論文集, 28-29.【研究5】
4．千島雄太（2015）．自己変容の想起とアイデンティティ形成の関連―現実自己と理想自己の観点から―　日本心理学会第79回大会発表論文集, 992.【研究6】
5．千島雄太（2015）．青年期における変容を志向する自己概念の発達―現実自己と理想自己の個人差に着目して―　日本教育心理学会第57回総会発表論文集, 181.【研究8】

国際学会発表

1．Chishima, Y. (2012). Orientations to self-change in adolescence: Focusing on the relations with identity statuses. The Second Asian Conference on Psychology & the Behavioral Sciences, Osaka, Japan.【研究3】
2．Chishima, Y. (2012). Background factors of orientations to self-change in Japanese university students: Focusing on its relationship with time perspective and self-esteem. International Conference on Time Perspective, Coimbra, Portugal.【研究4】
3．Chishima, Y. (2013). Relations between intention to self-change and cognitions of benefit and cost to self-change in university students. The Third Asian Conference on Psychology & the Behavioral Sciences, Osaka, Japan.【研究11】
4．Chishima, Y. (2014). Changes in intention for self-change and self-esteem across the life span in Japanese samples. International Conference on Time Perspective, Warsaw, Poland.【研究1】
5．Chishima, Y. (2016). Intention for self-change across the life span: Focusing on concern about self-change. The 31st International Congress of Psychology, Yokohama, Japan.【研究1】

2．本書を構成する調査の一覧と研究との対応関係

	調査時期	調査協力者	データの重複	平均年齢	調査場所
【研究1】	第一回：2013年1月 第二回：2013年12月 第三回：2015年2月	計997名 (男性484名，女性513名)		33.66歳 $SD=14.57$	クロス・マーケティング株式会社によるクローズ型ウェブ調査
【研究2】	2011年2月	大学生71名 (男性23名，女性47名，不明1名)	a	19.30歳 $SD=0.82$	関東地方の1校の国立大学
【研究3】	2011年6月—7月	大学生304名 (男性142名，女性160名，不明2名)		19.32歳 $SD=1.27$	関東地方の2校の国立大学
【研究4】	2011年9月—10月	大学生264名 (男性95名，女性169名)	b	20.28歳 $SD=2.48$	関東地方の1校の国立大学 関東地方の2校の私立大学
【研究5】	2011年9月—10月	中学生353名 (男性178名，女性174名，不明1名)		13.47歳 $SD=1.19$	関東地方の1校の公立中学校
		高校生375名 (男性185名，女性187名，不明3名)		15.92歳 $SD=1.35$	関東地方の1校の私立高校
		大学生400名 (男性156名，女性242名，不明2名)	b	20.35歳 $SD=2.12$	関東地方の1校の国立大学 関東地方の2校の私立大学 近畿地方の1校の国立大学 近畿地方の1校の私立大学
【研究6】	2014年6—7月	大学生393名 (男性187名，女性204名，不明2名)	c	19.53歳 $SD=1.12$	関東地方の2校の国立大学 関東地方の2校の私立大学
【研究7】	Time 1: 2014年11月 Time 2: 2014年12月	大学生230名 (男性78名，女性151名，不明1名)		19.92歳 $SD=1.64$	関東地方の2校の国立大学 関東地方の4校の私立大学
【研究8】	2014年6月—9月	中学生433名 (男性212名，女性220名，不明1名)		13.24歳 $SD=0.95$	関東地方の1校の公立中学校
		高校生597名 (男性266名，女性328名，不明3名)		16.32歳 $SD=0.97$	関東地方の1校の公立高校 関東地方の1校の私立高校
		大学生393名 (男性187名，女性204名，不明2名)	c	19.53歳 $SD=1.12$	関東地方の2校の国立大学 関東地方の2校の私立大学
【研究9】	2011年2月	大学生71名 (男性23名，女性47名，不明1名)	a	19.30歳 $SD=0.82$	関東地方の1校の国立大学

【研究10】	2011年9月—10月	大学生400名 (男性156名, 女性242名, 不明2名)	b	20.35歳 $SD=2.12$	関東地方の1校の国立大学 関東地方の2校の私立大学 近畿地方の1校の国立大学 近畿地方の1校の私立大学
【研究11】	2012年10月—11月	大学生91名 (男性39名, 女性49名, 不明3名)		18.66歳 $SD=2.08$	関東地方の1校の国立大学 関東地方の1校の私立大学
【研究12】	2013年1月—2月	中学生525名 (男性271名, 女性252名, 不明2名)		13.72歳 $SD=0.91$	関東地方の2校の公立中学校
		高校生284名 (男性122名, 女性162名)		16.37歳 $SD=0.60$	関東地方の1校の公立高校 関東地方の1校の私立高校
		大学生・専門学校生353名 (男性162名, 女性189名, 不明2名)		20.32歳 $SD=1.25$	関東地方の2校の国立大学 関東地方の1校の私立大学 関東地方の1校の専門学校

注) データが一部でも重複している箇所を,同じアルファベット (a, b, c) で示した。

3．本書で独自に作成した項目一覧

【研究1】で作成した項目
自己変容に対する志向性
- 今の自分を変えたい。
- 自分は変わらなければならないと感じている。
- このままの自分でいたい。（逆転項目）
- 何としてでも変わりたいと思う。
- 無理に自分を変えなくてもいいと思う。（逆転項目）

自己変容への関心
- 今の自分が変わることについて，関心がある。
- 今後の自分の変化に興味がある。
- これから自分がどう変わるかは，自分にとって重要だ。

【研究3】で作成した項目
自己変容に対する志向性の諸側面

"懐古志向"
- 今の自分を以前のような自分に変えたい。
- 以前の自分に戻れるように自分を変えたい。
- 今の自分を変えて，昔の自分のようになりたい。
- 今の自分を変えて，以前の自分を取り戻したいと思う。

"変容追求志向"
- いつも変化していたい。
- 変わり続ける自分でいたい。
- 変化自体が楽しいので自分を変え続けたい。
- 日々自分が変わっていないとつまらない。

"一新志向"

- 以前から成長していない自分を変えたいと思う。
- いつまでも進歩のない自分を変えたい。
- 昔と変わっていない自分をどうにかしたい。
- 過去と同じままの自分を変えなければと思う。

"改善志向"
- 自分の悪いところを直したい。
- 自分をもっと良くしていけるように自分を変えたい。
- 今よりももっと自分を高めていきたい。
- 自分の中の嫌なところを変えたい。

"憧憬志向"
- 自分があこがれている人を見本にして自分を変えたい。
- 理想としている人に合わせて自分を変えたい。
- 少しでも尊敬している人に近い自分になりたい。
- 自分より優れた人を目標にして自分を変えたいと思う。

"確立志向"
- 真の自分に出会えるように変わりたい。
- 確かな自分をつかめるように変わりたい。
- 確かな自分を見つけられるように今の自分を変えたい。
- 自分を変えて，真の自分になりたい。

"模倣志向"
- 周りにいる人に合わせて自分を変えたい。
- 周りに合わせながら変わっていきたい。
- 身近な人のまねをすることで自分を変えたい。
- 自分の近くにいる人のようになりたい。

"全面変容志向"
- 自分という人間をガラリと変えたいと思う。
- 今とはまったく別の自分に変わりたい。
- 生まれ変わったと思えるくらい自分を変えたい。

・自分を全面的に変えたい。

"展望志向"
　・将来のことを考えると，このままの自分ではいけないと思う。
　・将来のために，今の自分を変える必要がある。
　・将来も今の自分のままであり続けるわけにはいかないと思う。
　・これからのことを考えると，今の自分を変えなければと思う。

※【研究3】における因子分析の結果に基づいて，得点化に採用した項目のみを示した。
※【研究5】では，"変容追求志向"を除外して使用した。

【研究6】で作成した項目
現実自己の変容

"変容を志向する自己概念領域"
　・現在，私は"＿＿＿＿＿＿＿＿＿＿＿自分"を変えたいと思っています。

"変容への志向性"
　・"＿＿＿＿＿自分"から何としてでも変わりたい。
　・今の"＿＿＿＿＿自分"を改善できるように頑張りたい。
　・無理に"＿＿＿＿＿自分"を変えなくてもいいと思う。（逆転項目）
　・"＿＿＿＿＿自分"から変わろうと，いつも思っている。
　・"＿＿＿＿＿自分"を変えるために，何かしたい。
　・どうすれば"＿＿＿＿＿自分"を変えられるか，考えている。
　・あえて今の"＿＿＿＿＿自分"から変わる必要はないような気がする。（逆転項目）
　・"＿＿＿＿＿自分"ではいたくないと強く思う。

"変容後のイメージ"
　・今の"＿＿＿＿＿自分"が変わった後の姿を，どのくらいイメージできますか？

"変容への計画性"

・"＿＿＿自分"を変えるための，具体的な計画がありますか？

理想自己への変容

"変容を志向する自己概念領域"
　・この先，私は"【質問1】で書いた内容　自分"を，
　　"＿＿＿＿＿＿＿＿＿＿＿＿＿＿＿自分"に変えたいと思っています。

"変容への志向性"
　・今の自分から"＿＿＿自分"に何としてでも変わりたい。
　・今の自分を"＿＿＿自分"に改善できるように頑張りたい。
　・無理に今の自分を"＿＿＿自分"に変えなくてもいいと思う。（逆転項目）
　・"＿＿＿自分"へと変わろうと，いつも思っている。
　・"＿＿＿自分"に変えるために，何かしたい。
　・どうすれば今の自分を"＿＿＿自分"に変えられるか，考えている。
　・あえて"＿＿＿自分"へと変わる必要はないような気がする。（逆転項目）
　・"＿＿＿自分"でありたいと強く思う。

"変容後のイメージ"
　・今の自分が"＿＿＿自分"になった姿を，どのくらいイメージできますか？

"変容への計画性"
　・今の自分を"＿＿＿自分"に変えるための，具体的な計画がありますか？

【研究10】で作成した項目
自己変容の捉え方

"不安・葛藤"
　・自分が変わることを恐れている自分がいる。
　・自分が変わっていくことにおくびょうになる時がある。
　・自分が変わることに対して，心配になることが多い。
　・自分が変わるのは不安だ。

- 自分は変わるべきなのか,今のままでいるべきなのか,わからなくなることがある。
- 自分は変わらなければと思う気持ちと,変わらないでよいと思う気持ちの間でゆれることがある。
- 自分が変わることは,何かを失うことだと思う。

"期待"
- 自分が変われば,明るい未来が待っているはずだ。
- 自分が変わることで,すべてがうまくいくだろう。
- 自分が変わった先に,新しい自分がいるはずだ。
- 自分が変わった後は,これまでと全く違う人生になると思う。
- 自分が変われば,今まで見えなかったものがはっきり見えてくるだろう。

"困難"
- 自分を変えるのは容易なことではない。
- 簡単に変わることなんてできないと思う。
- 相当の努力がなければ,自分を変えられないと思う。
- 自分が変わることはとても難しい。

"両価的評価"
- 変わることも大切だが,今の自分のままでいることも大切だと思う。
- 自分が変わることに良さがあるし,変わらないことにも良さがあると思う。
- 今の自分ではいけないとも思うし,今の自分でいいとも思う。

"他力"
- 自分が変わるためには,周りの力に頼ることも必要だ。
- 自分だけの力では,なかなか自分は変われないと思う。
- 誰かの助けがあれば,自分を変えられる。

※【研究10】における因子分析の結果に基づいて,得点化に採用した項目のみを示した。

【研究12】で作成した項目
自己変容のメリット・デメリット予期

"自己変容メリット予期"
- 自分が変われば，毎日の生活が充実する。
- 自分が変わることで，理想の自分に近づける。
- 自分が変わると，自分に自信が持てる。
- 自分が変われば，今よりも楽しい日々が送れる。
- 自分が変わることで，自分の可能性が広がる。
- 自分が変わると，人間関係がうまくいく。

"自己変容デメリット予期"
- 自分が変わると，今までしてきたことが無意味になる。
- 自分が変わると，自分のいいところがなくなってしまう。
- 自分が変わると，周りの人に変な目で見られる。
- 自分が変わることで，つらいことが増える。

"現状維持メリット予期"
- 今の自分のままでいれば，安心だ。
- 今の自分のままでいれば，自分を大切にできる。
- 自分が今のままいれば，安定した生活を送れる。
- 今のままの自分でいることで，自分の価値を実感できる。
- 今の自分のままでいることで，自分らしさを感じる。
- 今の自分のままなら，ストレスを感じない。

"現状維持デメリット予期"
- 今の自分のままでは，この先が不安だ。
- 今の自分のままいたら，いつか後悔する。
- 今のままの自分だと，自分がいやになる。
- 今のままの自分でいても，何も得られない。
- 今のままの自分でいたら，これ以上成長できない。
- 今の自分のままだと，つまらない。
- 自分が今のままいると，周りに迷惑をかける。

※【研究12】における因子分析の結果に基づいて，得点化に採用した項目のみを示した。

自己変容の実現
・自分は望んだ方向に変われてきていると思う。
・自分は全然変われていないと感じる。(逆転項目)
・自分は確かに変われてきているという実感がある。
・自分が期待通りに変わってきているとは思えない。(逆転項目)
・自分が望んだようには変化できていない気がする。(逆転項目)
・少しずつ良い方向に自分を変えられていると思う。

著者略歴

千島雄太（ちしま　ゆうた）

1988年　埼玉県秩父市生まれ
2006年　埼玉県立熊谷高等学校　卒業
2010年　中央大学総合政策学部国際政策文化学科　卒業，学士（総合政策）
2012年　筑波大学大学院博士前期課程人間総合科学研究科心理専攻　修了
　　　　修士（心理学）
2016年　筑波大学大学院博士後期課程人間総合科学研究科心理学専攻　修了
　　　　博士（心理学）
2016年　筑波大学人間系特任助教　着任
2018年　筑波大学人間系特任助教　退職
現　在　京都大学こころの未来研究センター・日本学術振興会特別研究員（PD）

教育心理学・発達心理学を専門として，自己形成，時間的展望，友人関係など，幅広いテーマから青年期における心理的発達について検討している。

青年期における自己変容に対する志向性の個人差と発達的変化

2019年1月10日　初版第1刷発行

著　者　　千　島　雄　太
発行者　　風　間　敬　子
発行所　　株式会社　風　間　書　房

〒101-0051　東京都千代田区神田神保町1-34
　　　　電話 03(3291)5729　FAX 03(3291)5757
　　　　振替 00110-5-1853

印刷　藤原印刷　　製本　井上製本所

©2019　Yuta Chishima　　　　　　　　　NDC分類：140
ISBN978-4-7599-2249-3　　Printed in Japan

JCOPY 〈㈳出版者著作権管理機構　委託出版物〉

本書の無断複製は，著作権法上での例外を除き禁じられています。複製される場合はそのつど事前に㈳出版者著作権管理機構（電話 03-5244-5088，FAX 03-5244-5089, e-mail:info@jcopy.or.jp）の許諾を得てください。